DIE UNÜBERSETZBAREN

NEUE SUBJEKTILE

Marcus Coelen, Johannes Kleinbeck und Oliver Precht

Barbara Cassin

Die Unübersetzbaren

Herausgegeben von Judith Kasper

Übersetzt und supplementiert von Ingo Ebener, Spencer Hawkins, Judith Kasper, Larissa Krampert, Theresa Mayer, Christoph Roeber, Jonathan Schmidt-Dominé, Jana Wilhelm

TURIA + KANT
WIEN-BERLIN

Bibliografische Information der Deutschen Nationalbibliothek

Die Deutsche Bibliothek verzeichnet diese Publikation in der Deutschen Nationalbibliografie; detaillierte bibliografische Daten sind im Internet über http://dnb.ddb.de abrufbar.

Bibliographic information published by the Deutsche Nationalbibliothek

The Deutsche Nationalbibliothek lists this publication in the Deutsche Nationalbibliografie; detailed bibliographic data are available on the Internet at http://dnb.dnb.de.

Die Übersetzungen der drei in diesem Band veröffentlichten Essays von Barbara Cassin wurden durch die Mittel des Deutschen Übersetzerfonds im Rahmen des Neustart Kultur-Programms »extensiv initiativ« gefördert.

ISBN 978-3-98514-078-7

Cover: Bettina Kubanek, Visuelle Gestaltung, Berlin

VERLAG TURIA + KANT
A-1020 Wien, Leopoldsgasse 14
Büro Berlin: D-10827 Berlin, Crellestraße 14
info@turia.at | www.turia.at

Inhalt

Vorwort

Die französische Altphilologin und Philosophin Barbara Cassin spricht, wenn sie die Übersetzungsdynamiken innerhalb der abendländischen philosophischen Traditionen reflektiert, immer wieder von »intraduisibles«. In dem von ihr 2004 herausgegebenen *Vocabulaire européen des philosophies* setzen sie den Akzent und treiben als Untertitel den Zusatz *Dictionnaire des intraduisibles* hervor: »Wörterbuch der Unübersetzbaren« – »Unübersetzbare« in ihrer unbestimmten Pluralität.

Das vorliegende Buch präsentiert in deutscher Übersetzung drei Essays von Barbara Cassin, die vor und nach der Publikation des *Vocabulaire* veröffentlicht wurden und es gewissermaßen von der Seite her beleuchten. In ihnen umkreist Cassin philosophisch, übersetzungstheoretisch, politisch, ethisch, psychoanalytisch das, was sie die »Energie der Unübersetzbaren« nennt. Die folgende ebenso einprägsame wie erläuterungsbedürftige Formulierung taucht in diesem Zusammenhang wiederholt auf: »les intraduisibles... c'est plutôt ce qu'on ne cesse pas de (ne pas) traduire«[1]. Auf Deutsch etwa: »die Unübersetzbaren..., das ist eher das, was man nicht aufhört, (nicht) zu übersetzen«. Der Satz mit seiner doppelten und eingeklammerten Negation markiert ein weiter treibendes, produktives Verfehlen: Der Satz sagt, durch die Klammer hindurch, immer auch zugleich sein Gegenteil; er ist paradox, im wörtlichen Sinne: immer neben der Doxa liegend.

Diese eingeklammert doppelte Negation, die Cassin den »Unübersetzbaren« abgewinnt, öffnet die »schlechte« Unmöglichkeit – die Vorstellung, dass es ein schlechterdings Nicht-Übersetzbares gäbe – hin auf eine Intensivierung des Übersetzens. Das heißt, die »Unübersetzbaren« bilden für Cassin den Widerstand, der zum stärksten Hebel der Übersetzung wird: ein Hebel, der die Vorstellung von Übersetzung

1 Barbara Cassin, »Préface«, in: dies. (Hg.), *Vocabulaire européen des philosophies. Dictionnaire des intraduisibles*, Paris 2004, S. XVII.

als Schaffung eines Äquivalents in einer anderen Sprache aushebelt, um stattdessen die performative Kraft, Neues hervorzubringen, anzuzeigen.

Eine zweite Formulierung – ein Zitat aus Jacques Lacans spätem Text »L'Étourdit« – kompliziert das noch: »Une langue entre autres n'est rien de plus que l'intégrale des équivoques que son histoire y a laissé persister.«[2] Ein Satz, den man auch nicht aufhört, (nicht) zu übersetzen: »Eine Sprache unter/zwischen anderen ist nichts anderes als die Gesamtheit der Äquivokationen, die ihre Geschichte dort hat überdauern lassen.«[3]

Die »Gesamtheit der Äquivokationen« – das ist keine abzählbare Summe, kein Algorithmus, um alle notorischen Problemstellen, mit denen die Übersetzer*innen kämpfen, abzudecken; sondern vielmehr wird etwas am Verhältnis zwischen und unter den Sprachen als Äquivozität adressiert. Übersetzung hieße dann, sich im Raum der Äquivozität zu halten, was bedeutet, diesen Raum nicht nur offenzuhalten, sondern ihn übersetzend überhaupt hervorzutreiben, um das Verhältnis der Sprachen untereinander zu beleuchten. Dabei schreibt sich in das Verhältnis zwischen den Sprachen auch die Differenz zwischen Geschriebenem und Gesprochenem ein. In der Tat sind Äquivoke keine klassischen Homonyme, sondern ans Stimmliche gebunden; sie stehen nirgends geschrieben, sie werden erst im Sprechen laut.

Die hier knapp umrissenen theoretischen Voraussetzungen berühren unmittelbar die Frage der Institutionalisierung von Wissensbeständen, für die üblicherweise ein Wörterbuch steht. In der Tat unterwandert das *Vocabulaire* die Logik einer sich als universal verstehenden abendländischen Philosophie. Es verzeichnet weniger die philosophischen Grundbegriffe als vielmehr einen weitverzweigten philosophischen Wortschatz, der nicht zuletzt von der sprachlichen

---

2 Jacques Lacan, »L'Étourdit«, in: *Scilicet,* 4, Paris 1973, S. 5–52, hier S. 47, wieder veröffentlicht in ders., *Autres écrits*, Paris 2001, S. 449–495, hier S. 490.

3 https://lacan-entziffern.de/letourdit/jacques-lacan-letourdit-teil-i-uebersetzt-von-max-kleiner/ [12.03.2023]

Vielfalt eines deterritorialisierten Europas immer wieder neu belebt wird.

Ein derart verzeichneter Wortschatz ist stets im Fluss und verlangt nach weiterer Übersetzung, vor allem wenn man sich an Cassins doppelten Grundsatz hält, dass sich das europäische philosophische Denken erstens in und durch die Vielsprachigkeit – und damit durch andauernde Übersetzung – entfaltet hat; und zweitens, dass der Begriff vom Wort und vom Wortlaut nicht einfach abtrennbar ist, sondern dass das Wort, dass der Wortlaut, an dem der Begriff hängt, immer auch sein Wörtchen mitspricht, wodurch sich das begrifflich basierte Denken in und durch die Übersetzung immer auch verändert. In dieser Veränderung erkennt Cassin weniger den Verlust am Original, sondern vielmehr die Überwindung der Vorstellung eines abgeschlossenen Werks (*ergon*), seine Überschreibung in *energeia*. Die englisch-amerikanische Übersetzung des *Vocabulaire*, das *Dictionary of Untranslatables: A Philosophical Lexicon*[4] sowie andere Teilübersetzungen und Fortschreibungen in anderen Sprachen[5] zeugen davon.

Dass sich diese Energie (noch) nicht auf eine deutschsprachige Ausgabe übertragen hat, mag an spezifischen Widerständen liegen. So scheint zunächst das Selbstverständnis innerhalb der deutschen Geisteswissenschaften, demzufolge die moderne Philosophie, spätestens seit Kant und Hegel, sich – in Abgrenzung vom Griechischen und Lateinischen – vor allem auf deutsch neu formuliert hat, zu dem Kurzschluss zu führen, dass die Übersetzung allein die Rezeption der deutschen Philosophie durch andere betreffe – und nicht »uns«.

Zudem hat die deutsche Philosophie und Geisteswissenschaft mit der »Begriffsgeschichte« eine wirkmächtige Methode der begrifflichen Selbstreflexion hervorgebracht. Angesichts dieser prominenten Tradition und ihren monumentalen Hervorbringungen wie dem

---

4 Hg. v. Barbara Cassin, Emily Apter, Jacques Lezra u. Michael Wood, Princeton 2014.

5 Siehe dazu genauer Barbara Cassin, »Die Energie der Unübersetzbaren«, S. 59–76 in diesem Band.

Historischen Wörterbuch der Philosophie[6] und der *Geschichtlichen Grundbegriffe. Historisches Lexikon zur politisch-sozialen Sprache in Deutschland*[7] droht der mögliche Mehrwert – die andere Energie, die von Cassins Wörterbuch-Projekt ausgeht – zu verblassen. Wenn hingegen die Differenz zwischen den deutschen Begriffs-Projekten und dem französischen *Vocabulaire* in den Blick gerät, regt sich bei den akademischen Bedenkenträger*innen alsbald Sorge und Abwehr. Denn Cassins Denken ist durch eine Hybridisierung von Denktraditionen geprägt, die sich sonst gern abgrenzend einander gegenüberstehen. Bezugnahmen auf den deutschen Idealismus, den Bildungsbegriff Humboldts, den Übersetzungsbegriff Schleiermachers verbinden sich bei ihr mit einer emphatischen Nähe zu den trickreichen und vertrauensunwürdigen Sophisten, mit der produktiven Rezeption von Benvenistes *Wörterbuch der indo-europäischen Institutionen*[8] und dem bewussten Anknüpfen an Derridas beharrlicher Dekonstruktionsarbeit. Zu allem Überfluss rücken die »Unübersetzbaren« auch noch die Sprachgebundenheit des Begrifflichen in den Vordergrund. Philosophie verschiebt sich ins Philologische und Dichterische, wird davon kontaminiert – was im deutschsprachigen Kontext schnell mit Heideggers Sprachphilosophie identifiziert wird. Diese Bedenken sind nicht ganz unbegründet, aber Cassin setzt sich – in intensiver Auseinandersetzung mit der französischen Rezeption Heideggers – dezidiert von ihm ab. Gerade ihr Insistieren auf dem unaufhörlichen Übersetzen ist das stärkste Antidotum gegen jedes nationalontologische Denken, das meint, sich auf dem »Unübersetzbaren schlechthin« begründen zu können.

---

6 Hg. v. Joachim Ritter, Karlfried Gründer u. Gottfried Gabriel, Basel 1971–2007.

7 Hg. v. Otto Brunner, Werner Conze, Reinhart Koselleck, Stuttgart 1972–1997.

8 Émile Benveniste, *Vocabulaire des institutions indo-européennes*, 2 Bände, Paris 1969; *Indoeuropäische Institutionen. Wortschatz, Geschichte, Funktionen*, hg. v. Stefan Zimmer, übers. v. Wolfram Bayer, Dieter Hornig u. Kathrina Menke, Frankfurt a.M. 1993.

Cassin sucht den Weg *zwischen*: zwischen der Vorstellung, dass Begriffe universelle Bedeutung haben und also sprachneutral in jeder Sprache sich gleich bleiben einerseits; und der Vorstellung, dass ein Begriff – dessen Bedeutung und Wahrheitsbezug – untrennbar an der Sprache hängt, in der er geprägt wurde, andererseits. Um sich dazwischen zu halten, bedarf es ständiger Übersetzung, eines Hin- und Herspringens zwischen den Sprachen, zwischen Theoriegebäuden und Denktraditionen.

Die hier publizierten Essays zeugen von Cassins unermüdlicher Arbeit an den »Unübersetzbaren«. Der erste Beitrag »Der theoretische Status des Unübersetzbaren« ist während der Entstehungszeit des *Vocabulaire* geschrieben worden und selbst in einem Wörterbuch, der *Encyclopédie philosophique universelle,* erschienen.[9] Der zweite Beitrag, »Die Energie der Unübersetzbaren« von 2014, blickt zehn Jahre nach Erscheinen des *Vocabulaire* auf dieses zurück und reflektiert es in seinen übersetzerischen Vervielfältigungen. Der dritte Beitrag »entre« ist das Schlusskapitel in Cassins Monographie *Éloge de la traduction* (»Lob der Übersetzung«) von 2016. Hier begibt sich die Altphilologin und Philosophin in den sogenannten *Jungle de Calais*, in dem bis zu 10 000 flüchtende Menschen lebten, ehe diese »illegale«, quasiurbane Zeltsiedlung 2015 von den französischen Behörden abgerissen wurde. An diesem Nicht-(mehr-)Ort konfrontiert Cassin sich und uns Leser*innen mit dem gegenwärtigen Europa der Abschottung, Grenzziehung und Gleichgültigkeit, das mit der Vision des Europäischen in ihrem Denken in radikalem Zerwürfnis steht.

Dem Arbeitskreis am Institut für Allgemeine und Vergleichende Literaturwissenschaft der Goethe-Universität Frankfurt, der die Übersetzungen der hier vorliegenden Essays verantwortet, ging es darum, sich von Cassins Denkanstößen affizieren und diese Effekte auch in die Übersetzung ihrer Essays einfließen zu lassen. Daraus ist nicht zuletzt eine besondere Kommentierungspraxis erwachsen, in der punktuell die Übersetzung selbst in den Blick genommen wird. Die

9 Hg. v. André Jacob, Paris 1998.

so entstandenen Supplemente weisen über die üblichen Anmerkungen des*r Übersetzers*in hinaus; sie sind vielmehr Symptombildungen an jenen Stellen, an denen die Übersetzer*innen auf »Unübersetzbares« gestoßen sind, sich an ihm gestoßen haben, bzw. die Notwendigkeit sahen, es übersetzend hervorzutreiben. Die Supplemente sind weniger Texterklärungen oder Rechtfertigungen, sondern Momente des Insistierens auf Bedeutungsverschiebungen, auf Nicht-Realisiertes, auf Überschüsse, die durch die Übersetzung zum Vorschein gekommen sind. Das Übersetzen exponiert sich hier als *close reading*, ein Lesen, das durch die translatorische Arbeit in Gang gesetzt wurde und sich immer wieder auf sich selbst reflektierend zurückwendet.

Judith Kasper

Der theoretische Status des Unübersetzbaren

Übersetzt von Ingo Ebener, Judith Kasper, Christoph Roeber, Jonathan Schmidt-Dominé

Die unübersetzbare Differenz der Sprachen

»*Embabelons leur langue, Verbabeln wir ihre Zunge.*« – »Los, wir steigen herab und verbabeln dort ihre Zunge [*embabelons leur langue*] / Dass sie sie nicht vernehmen der eine die Zunge des andern, / Und es zersprengte Adonai sie von dort über die Gesichtsfläche der ganzen Erde / Und sie hörten auf zu bauen die Stadt / Daher heißt man ihren Namen Babel denn dort verbabelte Adonai die Zunge der ganzen Erde / Und von dort versprengte sie Adonai über die Gesichtsfläche der ganzen Erde«. (Gen 11:7–9) »Embabelons leur langue«: So steht es in der Genesis, jedenfalls wenn Henri Meschonnic sie übersetzt. ⟨siehe Quelle 1 im Anhang⟩ So übersetzt er sie oder, genauer, so übersetzt er sie neu, um sie – unter anderem und vor allem – nicht so zu übersetzen wie Chouraqui:

> Allons! Descendons! Confondons là leurs lèvres, / l'homme n'entendra plus la lèvre de son prochain. / YHWH les disperse de là sur la face de toute la terre. / Ils cessent de bâtir la ville. / Sur quoi il clame son nom: Babel, Confusion / car là, YHWH confond la lèvre de toute la terre, / et de là YHWH les disperse sur la face de toute la terre.[1]

1 »Los, steigen wir herab! Verwirren wir ihre Lippen, / der Mensch wird nicht mehr die Lippe seines Nächsten verstehen. YHWH versprengt sie von dort über das Angesicht der ganzen Erde. / Sie hören auf, die Stadt zu bauen. / Worauf man ihren Namen verkündet: Babel, Verwirrung / denn dort verwirrt YHWH die Lippe

Warum zurück bis vor die Sintflut? Bekanntermaßen ist Babel der biblische und mythische Name für die Vielfalt der Sprachen, die wechselseitig unverständlich bleiben, und man wartet auf Pfingsten, das heißt: auf Verständigung. Es handelt sich in mehr als einer Hinsicht um eine Urszene, sofern man auf die Eigenheiten des Textes sowie die Kniffe und Implikationen seiner Übersetzungen achtet.

»Zunächst, an erster Stelle«, fragt Jacques Derrida, »in welcher Sprache wurde der Turm zu Babel konstruiert und dekonstruiert?«[2] Wenn wir uns an Meschonnics Kommentar halten ‹siehe Quelle 13›: in mehr als einer jedenfalls. Denn Babel ist ein Eigenname, der auf Assyrisch »Tor Gottes« bedeutet (Babylon also oder die »heilige Stadt«; so dass – wie Voltaire in seinem *Dictionnaire philosophique* sagt – »die Alten all ihren Hauptstädten diesen Namen gaben«). Doch das hebräische Verb *bilbel* bedeutet »verwirren«: Man kann oder vielmehr muss den Eigennamen Babel als ein Wortspiel auf »Verwirrung« verstehen. Ein Eigenname also; aber auch ein Wortspiel, das einerseits Namensgebung und Etymologie impliziert, andererseits nur zwischensprachlich funktioniert, insofern dieser Eigenname die vorausgesetzte Differenz der Sprachen in ein und demselben Text immer schon ausspielt, um eine Verbindung zwischen den zunächst heterogenen Bedeutungen herzustellen, wobei es dem Hebräischen zukommt, die Wahrheit des Vernakular auszudrücken. Das Unübersetzbare zeigt sich in dieser Urszene in jeder Hinsicht als etwas, das unmittelbar an den Signifikanten, an den Körpern der Sprache hängt; also buchstäblich an den Lippen, wie bei Chouraqui. Das Unübersetzbare ist in dieser ersten Szene der Protagonist.

Ein untrügliches Symptom dessen ist die Vielzahl unterschiedlicher Übersetzungen, die auch stets ihre Verlegenheit mitübersetzen. Muss man ein neues französisches Wort erzwingen, um ein im Heb-

---

der ganzen Erde / und von dort versprengt YHWH sie über das Gesicht der ganzen Erde.«

2 Jacques Derrida, »Babylonische Türme. Wege, Umwege, Abwege«, in: Alfred Hirsch (Hg.), *Übersetzung und Dekonstruktion,* übers. v. Alexander García Düttmann, Frankfurt a.M. 1997, S. 120.

räischen gängiges Verb wiederzugeben, wie es Meschonnic macht: »embabeler«, verbabeln? Oder muss man den Eigennamen, wie es Chouraqui macht, glossieren: »Bavel, Confusion [*Verwirrung*]«? Das Unübersetzbare ist nichts, was man nicht übersetzt, sondern vielmehr das, was man (von Übersetzer zu Übersetzer) nicht aufhört zu übersetzen, und zwar in dem Maße, wie man durch die übersetzerische Entscheidung die Interpretation (dem Bedeutungsumfang des griechischen *hermeneuein* entsprechend) mit einer ästhetischen Epiphanie und Sichtbarkeit in der Sprache verbindet. Abgesehen von seiner philologischen Einrichtung (deren Bedeutung zunimmt, je schwieriger und eigenwilliger der Text) ist der Ausgangstext *ein* Original, ein Original, das aber durch seine *vielfachen* Übersetzungen – in ein und dieselbe Sprache, von den Übersetzungen in andere Sprachen und deren Interferenzen ganz zu schweigen – zu einem fiktiven, ja inkonsistenten Geometral wird, einem Fluchtpunkt all seiner Versionen, die, strategisch miteinander verbunden, sich gegenseitig korrigieren und ergänzen. Das Unübersetzbare stellt, nicht zuletzt auch aufgrund der Vielzahl miteinander verketteter Übersetzungen, eine riesige Herausforderung dar, zu deren Bewältigung es der Zusammenarbeit von Philologie, Hermeneutik, Übersetzungskunst, Ideengeschichte und Ästhetik bedarf.

Man kann nicht umhin zu konstatieren: Mit Babel »zwingt [Gott] das Übersetzen auf und verbietet es *zugleich*«.[3] Denn wenn die ganze Welt durch die Übersetzung zu etwas wie »einerlei Zunge und einerlei Reden« zurückkehrte (Vers 1, siehe auch Vers 6, dass »das Volk eines und die Zunge eine für alle ist«), müsste Gott nur erneut zuschlagen. Anders gesagt: Die Übersetzung befindet sich seit ihrer Urszene in einem *double bind*, und die privative Form des *Un-übersetzbaren* bewohnt von Anfang an (gemeinsam mit der Differenz der Sprachen) das Herz der Übersetzung.

---

3 Ebd., S. 124.

Das Unübersetzbare als Strafe oder Glücksfall? – Und doch endet die Geschichte nicht hier. Die Babel-Episode kann nämlich auch (oder zugleich) ganz anders bewertet werden: Hat Gott die Menschen, die sich ihm angleichen wollten, schlechterdings »bestraft«? Oder hat er, *felix culpa*, einfach auf sie »reagiert« – was viel großzügiger wäre? Strafe oder Glücksfall? Ein Makel, den es zu beseitigen, eine Öffnung, die es zu erforschen, ein Reichtum, den es auszuschöpfen gilt? Eine komplexe Tradition, die, beginnend bei Augustinus, den gesamten deutschen Protestantismus nachhaltig prägt und sich unablässig von der Bestrafungsideologie absetzt, dabei die positiven Aspekte der Beziehung zwischen den Sprachen, Weltanschauungen, Kulturen und Nationen erwägt, allerdings auch die Begrifflichkeiten und Vorstellungen vom »Geist« oder »Genius« der Sprachen und Völker (→ Supplement 1 »Genius der Sprache«) hervorgebracht hat.

Historisch schlägt sich das erstmals bei der Entwicklung der Volkssprachen nieder, wenn sich etwa Dantes *volgare* oder Luthers Deutsch ausgehend von dessen Bibelübersetzung gegen das Latein behaupten. Doch die Entwicklungslinie existierte bereits, seitdem jene die Philosophie bestimmende Nicht-Beziehung – griechischer λόγος (*langue-langage*-Vernunft der Denkenden-Sprechenden) / Barbaren und Barbarei (die Ideolekte derer, die den *borborygmos* und das *Blablabla* teilen) – der vergleichenden Bewertung mindestens zweier Sprachen wich. In den Worten Karl-Otto Apels nimmt der europäische Sprachhumanismus seinen Ausgang in der »Sprachideologie des römischen Orators«,[4] als Cicero (im Gegensatz zu Seneca oder Lukrez) erstmals eine »Verteidigung und Veranschaulichung« seines *patrius sermo* (wir würden sagen: der »Muttersprache«) vorbrachte, der in der Lage sei, dem zwar älteren und ehrwürdigeren, aber mit gleichem Maße messbaren Griechischen sogar in dessen Paradedisziplin Philosophie die Stirn zu bieten und zu übertrumpfen: »Das einzige nämlich, worin wir noch von dem unterworfenen Griechenland überwunden

---

4 Karl-Otto Apel, »Die Idee der Sprache in der Tradition des Humanismus von Dante bis Vico«, in: *Archiv für Begriffsgeschichte*, Bd. 8, Hamburg 1963, S. 7–398, hier S. 131.

wurden, ist jenen nun entrissen oder jedenfalls uns zum gemeinsamen Besitz mit ihnen gemacht worden.«[5]

Ich schlage vor, dass wir die Apologie von Babel zu einem sehr viel späteren und besonders virulenten Moment dieser Geschichte ins Auge fassen und uns ihr über einen Artikel von Trubetzkoy nähern, der mit Jakobson ein ganzes Teilgebiet der modernen Linguistik begründet hat. Er deutet Babel als die bedrohliche Ankündigung einer homogenen, unpersönlichen und verarmten Universalkultur, die den Internationalismus der Logik, der Technik und der materiellen Interessen an die Stelle der vielfältigen Nationalsprachen und -kulturen setzt. Nur diese Nationalsprachen und -kulturen (die man nicht nur nach »Sprachfamilien«, sondern auch nach geographischen Einheiten in allen möglichen Mischverhältnissen ordnen könnte) vermögen ein »geordnetes, harmonisches System zu bilden, in dem selbst noch der kleinste Teil seine einzigartige und strahlende Individualität behält«, wodurch sich so etwas wie ein »schillerndes Netz«, ebenso kontinuierlich wie vielfältig, ergibt.[6]

Die Haltung gegenüber der Pluralität der Sprachen und die Art der Verquickung von Singulärem und Universellem hängen natürlich davon ab, wie man diesen Unterschied bewertet. Ist die Einzigkeit der Sprache ein verlorenes Paradies, so müssen die vertriebenen Kinder im Schweiße ihres Angesichts an einem »Ersatz« arbeiten. Auf verschiedenen Wegen jagt man der »vollkommenen Sprache«[7] nach. Das kann eine natürliche Sprache sein, die entweder bereits besteht oder im Labor rekonstruiert wird, und je nach Epoche und Bestrebung mit einem ursprünglichen oder internationalen Status ausgestattet wird: das Hebräische, das Griechische, das Lateinische, das Französische,

---

5 Marcus Tullius Cicero, *Brutus*, hg. u. übers. v. Bernhard Kytzler, Düsseldorf / Zürich 2000, S. 193 (73. Brief).

6 Siehe Nikolai Sergeyevich Trubetzkoy, »La Tour de Babel et la confusion des langues (1924)«, in: Pierre Caussat (Hg.), *La langue. source de la nation. Messianismes séculiers en Europe centrale et orientale (du XVIIIe au XXe siècle)*, Sprimont 1996, S. 503–518, hier S. 512.

7 Umberto Eco, *Die Suche nach der vollkommenen Sprache*, übers. v. Burkhart Kroeber, München 1994.

das Sanskrit, das Indo-Europäische oder unser modernes Anglo-Amerikanisch; oder es ist eine noch zu verfertigende Kunstsprache, etwa nach einem logischen Modell wie Leibniz' *Characteristica Universalis* oder pseudo-linguistisch wie das Esperanto; oder aber es handelt sich um eine ebenso absolute wie magische, »wahre« Sprache, gleich jener erste Sprache, die, keiner Herstellung bedürfend, aus dem Geflecht sich ergänzender Differenzen erahnbar und messianisch – wie beispielsweise bei Benjamin – erwartbar wäre. Ist die Vielfalt der Sprachen hingegen, wie die der biologischen Arten, ein Erbe der Menschheit, so haben wir sie zu verzeichnen, zu klassifizieren, zu analysieren, zu vergleichen, zu bestaunen und zu bewundern.

Vom Einen oder vom Vielen ausgehen. – Die philosophischen Fragen, die dieser Diagnose zugrunde liegen, sind weitreichend. Ich möchte für diese Fragen eine sehr grobe Taxonomie vorschlagen, die die Extrempositionen ausstellt, ohne eine Aussage darüber zu treffen, ob sie vertretbar sind oder überhaupt jemals mehr als nur in Ansätzen vertreten wurden, selbst von denen, deren Namen ich erwähne. Es geht im Wesentlichen um das Verhältnis von Worten und Dingen, von Sein und Sprache. In aller Kürze kann man die beiden antithetischen Positionen als ›Ontologie‹ und ›Logologie‹ bezeichnen.

Bei der Ontologie geht man vom Sein (»Onto-«), von der Präsenz, vom Phonem, von der Welt, von der objektiven Realität usw. aus, woran sich die Sprache aussagend (»-logie«) anhängt. Sokrates' Schlussfolgerung im *Kratylos* lautet so: Ob nun die Korrektheit der Worte eine natürliche Tatsache oder das Ergebnis von Konvention ist, jedenfalls soll man nicht von den Worten ausgehen [οὐκ ἐξ ὀνομάτων], sondern man muss die Dinge [τὰ ὄντα] erforschen und kennenlernen durch sie selbst [αὐτὰ ἐξ αὐτῶν] weit lieber als durch Worte.[8] Gemessen an der Einzigkeit ein und derselben Welt, bestehend aus denselben Dingen, oder gar gemessen an der Einzigkeit der Dinge selbst, wird die Pluralität der Sprachen als Mangel beurteilt. Fasst man hingegen

8 Vgl. Platon, *Kratylos* 439b.

die Dinge selbst als Ideen auf, so lässt sich diese Einzigkeit auch als die der menschlichen Vernunft in ihrer Universalität deuten.

Für eine instrumentelle Sprachkonzeption ist die Pluralität, vor dem Hintergrund des ideellen Deckungsverhältnisses zwischen Signifikat und Referent, die akzidentelle – von mythischen Gesetzgebern arrangierte – Spur des Signifikantenmaterials: »Denn auch nicht jeder Schmied, der zu demselben Zwecke dasselbe Werkzeug macht, legt dasselbe Bild in dasselbe Eisen hinein. Dennoch, solange er nur dieselbe Gestalt [ιδεών] wiedergibt, wenn auch in anderem Eisen, ist doch das Werkzeug [ὄργανον] ebenso gut und richtig gemacht, mag es einer hier oder unter den Barbaren gemacht haben.«[9] Sobald aber die Sprache nicht in erster Linie als Werkzeug, sondern als die eigentliche Art und Weise der Seinsenthüllung und der Offenheit des Menschen auf die Welt betrachtet wird, kann man nicht umhin, die Tiefe oder Authentizität einer Sprache an der geschichtlichen Gegebenheit [*donation historiale*] und am (seins)treuen Denken zu messen – womit man zwangsläufig zu einer Hierarchie der Sprachen gelangt (→ Supplement 2 »donation«). Ohne jeden Zweifel hält sich hartnäckig eine Neigung zugunsten des Griechischen und des Deutschen, und Martin Heidegger als einem der zeitgenössischen Hauptvertreter dieser Tendenz ist dabei nur sehr schwer auszuweichen. Ja, man kann sagen, dass heutzutage in der gesamten Problematik des *Unübersetzbaren* Heidegger stets mitspukt; wir müssen daher kurz bei ihm verweilen.

Die Philosophie – in diesem Fall die abendländische – entsteht weniger in Griechenland als vielmehr im Griechischen. »Die griechische Sprache, und sie allein, ist λόγος«: Das Privileg des Griechischen ist, dass wir »durch das griechisch gehörte Wort unmittelbar bei der vorliegenden Sache selbst« sind. In aristotelischen Begriffen ist das »Sagen« (λέγειν) hierbei ein »Zeigen«, ein von sich selbst ausgehendes »Sichzeigen« (ἀποφαίνεσθαι).[10] Das liegt nicht daran, dass die Spra-

9 Ebd., 389e–390°.

10 Ich zitiere und paraphrasiere hier Martin Heidegger, *Was ist Philosophie* (1955), in: GA 11, S. 15 und ders., *Logos (Heraklit, Fragment 50)* (1951), in: GA 7, S. 218f.

che von außen durch die Philosophie zugerichtet würde, sondern an der Sprache selbst, die schon in der »alltäglichen Rede und Sprache« ⟨siehe Quelle 10⟩ Philosophie betreibe. Daher besteht die typisch Heidegger'sche Geste darin, hinter das römische Denken zurückzugehen, das »*die griechischen Wörter ohne die entsprechende gleichursprüngliche Erfahrung dessen, was sie sagen*«, übernimmt, um den Quellen und »Brunnen«, die die griechischen Wörter sind, zu lauschen – vermittelt durch eine Etymologie, in der der »Sprachgeist der griechischen Sprache« wirkt.[11] Jedes griechische Wort ist in seinem Grund unübersetzbar – darin besteht gerade die Authentizität der griechischen Erfahrung –, aber das Übersetzen ist dennoch eine wesentliche Erfahrung, die mit der Erfahrung des Denkens verschmilzt: »Übersetzen [ist] die Auseinandersetzung mit der fremden Sprache umwillen der Aneignung der eigenen« ⟨Quelle 11⟩. Hier findet man sowohl die Universalität der hermeneutischen Erfahrung, die bereits auf der innersprachlichen Ebene für jedes Werk Geltung beanspruchen kann, als auch die geschichtliche Erwählung oder gar historische Selektion mächtiger Korpora und Sprachen, an denen sich das Denken messen muss. Auf Hölderlins Spuren zurück ins Heimatliche entspricht die deutsche Sprache und das Volk, das sie spricht – »griechischer [..] als die Griechen« und damit anders als die Griechen –, nur dem Griechischen: »Den entsprechenden tiefen und schöpferischen philosophischen Charakter wie die griechische hat nur noch unsere deutsche Sprache« ⟨Quelle 10⟩. Die Geschichte der Philosophie, wie man sie für gewöhnlich schreibt – oder zumindest lehrt – hat diese Auffassung derart etabliert, dass man Gefahr läuft, sie unabsichtlich anzunehmen, auch dann noch, wenn man moralisierend argwöhnt, dass die philosophische Dominanz des Griechischen und des Deutschen nicht weniger verdächtig und inkorrekt sei als das Fehlen großer Philosophinnen. Man kann diese Auffassung weiter komplizieren, indem man das mittelalterliche Latein, das Italienisch der Renaissance sowie das klassi-

---

11 Ich zitiere hier nacheinander aus Martin Heidegger, *Ursprung des Kunstwerks* (1936), in: GA 5, S. 8, *Was heißt Denken?* (1952), GA 8, S. 135 und *Heraklit* (1943-33), GA 55, S. 148.

sche Französisch und Englisch zwischen den griechischen Ursprung und die deutsche Erfüllung schaltet, wie es beispielsweise das von Gadamer inspirierte Meisterwerk der Begriffsgeschichte, das *Historische Wörterbuch der Philosophie,* herausgegeben von Joachim Ritter, tut: Nach Art der hegelianischen Universalgeschichte trägt jeweils eine Sprache den Geist einer Epoche zu dessen begrifflicher Vollendung. Die Sprachen treten jedoch nie als Sprachen in Erscheinung, sondern nur als Teil der Lehre einer einzigen Sprache der Philosophie. Wie das Vorwort zeigt, besteht die Methode darin, »die Geschichte des Wortes und des Begriffs«[12] unauflösbar zusammenzuschreiben. Henri Meschonnic hat Recht mit seiner Kritik, wenn er zu zeigen versucht, dass Heidegger »das Denken des Begriffs ethnisiert«, weil er »den Begriff mit dem Wort vermengt« und innerhalb des Wortes den Wert mit der Bedeutung.[13] Doch muss man bei der Loslösung von dem – oder von einem – griechischen Modell noch radikaler vorgehen und die Idee der an die Ontologie gekoppelten Logossprache [*langue-logos*] selbst infrage stellen: Können wir anders über Sprache als Verhältnis zur Welt nachdenken, können wir uns in ein anderes Verhältnis zur Identität jeder Sprache inmitten der anderen setzen?

Mit der Logologie hingegen geht man, Sokrates' Ratschlag zum Trotz, von den Worten statt von den Dingen aus, oder vielmehr von den Worten um ihrer selbst willen und nicht in ihrer Funktion, eine Erfahrung des Seins zu bezeugen. Das Wort »Logologie« stammt von Novalis, um dem »lächerliche[n] Irrtum [...], daß die Leute meinen – sie sprächen um der Dinge willen«, das »Eigentliche« der Sprache entgegenzusetzen, die »sich bloß um sich selbst bekümmert«.[14] Ich erwähne das hier, um deutlich zu machen, dass wir, indem wir von den Wörtern ausgehen, zugleich von der Pluralität der Sprachen

12 Joachim Ritter, Karlfried Gründer u. Gottfried Gabriel, *Historisches Wörterbuch der Philosophie*, Basel / Stuttgart 1971–2007, Vorwort, Band 1, S. VII.

13 Henri Meschonnic, *Le langage Heidegger*, Paris 1990, S. 309–311.

14 Novalis, *Monolog*, in: ders., *Schriften*, Bd. 2, *Das philosophische Werk I*, Darmstadt 1981, S. 672 f. (Hervorhebung von B.C.). Vgl. auch Barbara Cassin, *L'effet sophistique*, Paris 1995.

und von ihren Differenzen ausgehen: Es gibt nicht länger eine einzige Welt, die gegeben ist oder sich gibt, und auch keine Geschichtlichkeit eines (für jede wahre Sprache paradigmatischen) λόγος, sondern eine heterogene Pluralität von Welten, die Effekte der Pluralität der Sprachen sind.

Jede Welt ist somit von vornherein eher ein Schluss- denn ein Ausgangspunkt:

> Mehrere Sprachen sind nicht ebensoviele Bezeichnungen einer Sache; es sind verschiedene Ansichten derselben, und wenn die Sache kein Gegenstand der äußeren Sinne ist, sind es oft ebensoviele, von jedem anders gebildete Sachen. ⟨Quelle 5⟩

Aus diesem Text Humboldts wird ersichtlich, wie die Irreduzibilität der Gesichtspunkte nicht etwa eine Gewinn oder Verlust anzeigende Hierarchie der Sprachen hervorbringt, die an der Wahrheit der Sache oder der Gebung (*donation*) des Seins (⟶ Supplement 2 »donation«) ausgerichtet wäre, sondern eine wechselseitige »Deterritorialisierung«, die ein methodisches Vergleichen erfordert. Und wenn es eine einzige Welt gibt, so findet man sie erst am Ende, also nie: »Durch die Mannigfaltigkeit der Sprachen wächst unmittelbar für uns der Reichthum der Welt [...]« – anders gesagt, die Menschheit produziert »immerfort [...] mehr Welt«.[15] Eine Sprache, jede Sprache, ist nicht selbst ein *Werk**, ein ἔργον, ein fertiges Produkt, sondern wesentlich eine *Thätigkeit**, eine ἐνέργεια, eine Aktivität, ein Bewirken, eine Potentialität am Werk.[16]

---

15 Brief von Wilhelm von Humboldt an Friedrich Schiller, Anfang September 1800: https://wvh-briefe.bbaw.de/Brief?id=701 (2.4.2023).

16 Diese Unterscheidung wird von Wilhelm von Humboldt in *Über die Kawi-Sprache auf der Insel Java*, §12 vorgeschlagen. Heidegger kommentiert diesen Text in *Unterwegs zur Sprache*, Frankfurt a.M. 1986, S. 234–238. Er hebt hervor, dass Humboldt ἐνέργεια auf eine Weise versteht, die »ganz ungriechisch« sei (ebd., S. 238).

»λόγος« und Geist der Sprachen. – Das Eintauchen in die Pluralität der singulären Sprachen anstatt und anstelle der Einzigkeit des λόγος ist in der Perspektive, die uns hier beschäftigt, untrennbar mit einem neuen Vorstellungstypus der Sprache verbunden, der wesentlich ungriechisch ist. Es fällt vermutlich in Teilen Herder, diesem so aufbrausenden und streitbaren Philosophen zu, die völlig überraschende Möglichkeit eines alternativen Denkmodells für die Sprache und die Einheit einer Sprache, und dadurch auch für die Übersetzung, hervorgebracht zu haben. Es geht, wie später bei Heidegger, um das Griechische und das Deutsche, um Sprache und Volk. Doch bei Herder steht der Vorrang des Deutschen dem Vorrang des λόγος diametral entgegen. Um die Schwäche des Deutschen gegenüber der Hegemonie des Französischen am Ende des 18. Jahrhunderts in eine Stärke zu verwandeln, mussten die Labilität, Flexibilität, die allseitige Tauglichkeit des Deutschen (»unsre *Sprache*; sie kann uns das sein, was dem kunstnachahmenden Menschen die *Hand* ist« 〈Quelle 4〉) in der Tat privilegiert werden: die Nachahmungsfähigkeit (»Weil wir also spät kamen, so ahmten wir freilich viel *nach*«) und das Nomadentum (»Wir zogen [...] in der Welt umher«).[17] Das Deutsche musste verankert werden, aber nicht im Sein und in den Dingen, sondern in seiner innigen Beziehung zu anderen Sprachen. Um fruchtbar, »mütterlich« zu sein, darf die Muttersprache nicht jungfräulich bleiben, in einer vermeintlich ursprünglichen Unschuld kümmerlicher Kapriolen verharren: Es ist gerade die Befruchtung, die Mischform, die Unreinheit, die den wahren Ursprung (einen *»ursprünglich bereicherten*«* Ursprung) ausmacht. Hiernach ist die Übersetzung, verstanden als eine Art »Verpflanzung«, nicht mehr zweitrangig, sondern nach einem Ausdruck von Pierre Pénisson »mindestens so ursprünglich wie der Ursprung«.[18]

---

17 Johann Gottfried Herder, *Briefe zur Beförderung der Humanität*, in: ders., *Ausgewählte Werke*, hg. v. Heinrich Kurz, Hildburghausen 1871, Band 4, S. 405–6 (Briefe 100 und 101).

18 Vgl. Pierre Pénisson, »Traduction transplantation«, in: Henri Meschonnic

Doch losgerissen vom griechischen λόγος entwickelt sich eine spezielle Auffassung des Deutschen und deutscher Übersetzungspraxis. Durch Luther und Wolff hatten die deutsche Philosophie und Sprache zu jedem Zeitpunkt ein Bewusstsein davon, dass sie aus der Übersetzung geboren sind 〈Quelle 15〉. Mehr noch, die Übersetzung-als-Verpflanzung erweist sich, sofern sie im großen Maßstab und massenhaft praktiziert wird, für die deutsche Kultur als konstitutiv. Schleiermacher bezeugt dies vehement in *Ueber die verschiedenen Methoden des Uebersezens.*[19] Er betont eine der beiden möglichen Arten des Übersetzens: Anstatt – wie der Heilige Hieronymus – den Autor zum Leser hinzuführen (den lateinischen Autor so auf Deutsch übersetzen, *als hätte er auf Deutsch geschrieben*), will er, im Gegenteil, den Leser entrücken (als *würde* der deutsche Leser *Latein lesen*); dabei ist er darauf bedacht, »den Ton der Sprache fremd zu halten«, »in der Muttersprache das fremde dar[zu]stellen«. Um aber die einzelnen Fremdheiten würdigen zu können, »erfordert diese Art zu übersezen durchaus ein Verfahren im großen, ein Verpflanzen ganzer Litteraturen in eine Sprache, und hat also auch nur Sinn und Werth unter einem Volk welches entschiedene Neigung hat sich das fremde anzueignen«; aus diesem Grund kann es nicht in allen Sprachen gedeihen, sondern »wir Deutsche« zeichnen uns dadurch aus: »Eine innere Nothwendigkeit, in der sich ein eigenthümlicher Beruf unseres Volkes deutlich genug ausspricht, hat uns auf das Uebersezen in Masse getrieben.« Die Einzigkeit entstammt nicht mehr der Quelle, sondern sie wird – eine Art neu eingewurzelter *melting-pot* und Über-sich-Hinausgreifen (*méta-captation*) – zur Einzigkeit einer Welt aus der Berufung eines Volkes heraus, das alles »gleichsam zu einem großen, geschichtlichen Ganzen [verpflanzt], das im Mittelpunkt und Herzen von Europa verwahrt werde« 〈Quelle 6〉.

(Hg.), *La pensée dans la langue. Humboldt et après*, Saint-Denis 1995, S. 101–113, hier S. 111.

19 Friedrich Schleiermacher, »Ueber die verschiedenen Methoden des Uebersezens«, in: *Kritische Gesamtausgabe*, Band 11, 1. Abteilung, hg. v. Martin Rößler, Berlin 2002, S. 65–93.

Wir können hier die gesamte Schwierigkeit ermessen, die ein Paradigmenwechsel mit sich bringt. Von der Übersetzung und nicht vom ursprünglichen Wort auszugehen, von der Pluralität vergleichbarer Singularitäten her zu denken, anstelle von Ontologie eher Geschichte, Geographie und bereits Linguistik zu betreiben – all dies genügt gewiss nicht, um das unliebsame Problem des Genius der Sprache(n) hinter sich zu lassen. Meine Hypothese lautet, dass der Maßstab »Sprache(n)« das Problem auf jeden Fall stocken lässt. Aus diesem Grund möchte ich es anders aufwerfen, um umso entschiedener vom Singular zum Plural überzugehen und, wie Gorgias oder Menon, einen neuen Ausgangspunkt im Schwarm der Unübersetzbaren zu finden.

Was ist unübersetzbar?

Wir können verschiedene Schichten des Unübersetzbaren ausmachen, und es geht nun darum zu begreifen, wie diese betrachtet worden sind und welche Auswirkungen die jeweilige Betrachtungsweise hatte. Dabei können uns dieselben Texte als Leitfaden dienen.

Der unübersetzbare »Körper der Sprachen« oder das Register des Signifikanten und des buchstäblich-literarischen Wertes. – Gehen wir noch einmal von der ersten Lehre Babels aus: Es gibt Unübersetzbares aufseiten dessen, was die Übersetzung *per definitionem* »trans-formiert«, nämlich den Körper der Sprachen, ihr Klangmaterial. »Ein Wortkörper lässt sich aber nicht in eine andere Sprache übersetzen oder übertragen. Es ist genau das, was eine Übersetzung fallen lässt. Den Körper fallen zu lassen, darin besteht eben die wesentliche Energie der Übersetzung.«[20] Gemäß der unbeständigen und bisweilen fast

20 Jacques Derrida, »Freud und der Schauplatz der Schrift«, in: ders., *Die Schrift und die Differenz*, übers. v. Rodolphe Gasché, Frankfurt a.M. 1976, S. 321f. (Übersetzung leicht modifiziert).

homonymen Dreiteilung, die unsere Sprachtheorien von den Stoikern bis Saussure durchzieht, wird man den Signifikanten, im Unterschied zum Signifikat und im Gegensatz zum Referenten, für unübersetzbar halten. In einer schwergewichtigen ontologischen Konzeption wird man annehmen müssen, dass das Signifikat, das aufseiten des Gedankeninhaltes oder der Vorstellung (*concept*) zu suchen ist (jenes λεκτόν, das »Ausdrückbare«, das die Fremden gerade nicht »verstehen«), durch die Übersetzung auf identische Weise in anderen Signifikanten neu verkörpert werden kann und dass der Referent, eine Sache der menschlichen Welt, seinerseits – unabhängig von der Sprache – derselbe bleibt. Wir werden jedoch immer dazu verpflichtet sein, diese Beschreibung logologisch zu mäßigen: Da jedes Zeichen *per definitionem* ein Signifikat mit einem Signifikanten verbindet, kann die Musik einer jeden Sprache mit ihrem erfinderischen Gebrauch in jedem Werk die Universalität der Vorstellung nur nach ihrer Art beziffern, also beugen und mäßigen. (Gerade darin besteht Mallarmés Paradox, auf Französisch »eine Blume« zu sagen, »steigt musikalisch, Idee selbst und sanft«.)[21] Kurzum, es gibt Texte, die den Anschein erwecken, in dieser Hinsicht weniger zu verlieren als andere: offensichtlich der philosophische Text, mit seiner gut verankerten begrifflichen Universalität, im Unterschied zum poetischen und zum literarischen.

In der Tat zeigt Antoine Berman in *La traduction et la lettre ou L'auberge du lointain* ⟨Quelle 14⟩, wenn er im Rahmen einer kritischen Analyse der Übersetzung als »Unmöglichkeit und Verrat« und des »Unübersetzbaren als Wert« Derrida zitiert, inwiefern dieser »präjudizielle Einwand« gegen die Übersetzung »vorwiegend die Dichtung betrifft«. Der Gehalt der Übersetzbarkeit – die Wirkung der Beziehung von Klang und Sinn – ist letztlich die Garantie der Literalität selbst: »Die Unübersetzbarkeit ist einer der möglichen Modi der Selbstaffirmation eines Textes« ⟨Quelle 14⟩. Hier kommen wir wieder zur Bibel zurück. Denn was auf dem Spiel steht, will man nicht alles verlieren,

---

21 Stéphane Mallarmé, »Crise de vers / Vers-Krise«, in: ders., *Werke II: Kritische Schriften*, hg. v. Gerhard Goebel, Bettina Rommel, übers. v. Gerhard Goebel, Gerlingen 1998, S. 229.

betrifft offenkundig immer gerade den Buchstaben als etwas Unberührbares. Es überrascht nicht, dass Derrida und Berman von Walter Benjamins »Die Aufgabe des Übersetzers« wie gebannt sind, der die »Interlinearversion des heiligen Textes« zum Modell oder Ideal jeder Übersetzung macht.[22] Ebenso wenig überrascht es, dass umgekehrt in Oxford oder jenseits des Atlantiks die Unübersetzbarkeit der Texte eines Derrida als Beweis genommen wird, dass seine Philosophie nie etwas anderes als Literatur gewesen ist.

Welcher Status gebührt der Homonymie? – Im Kontext der Differenz zwischen Literatur und Philosophie, die heutzutage von der analytischen Philosophie gerne als Waffe gegen die kontinentale herangezogen wird, steht in Frage, welches Maß an Intimität zwischen einem Philosophen und der Sprache (*langue*), in der er schreibt, tolerierbar ist. Das punktuelle bzw. minimalistische Paradigma der signifikantengebundenen Unübersetzbarkeit ist, wie wir bei »Babel« gesehen haben, der Witz *(mot d'esprit)* als die manifeste Erschließung der Intimität von Buchstabe und Sinn. Genaugenommen ist dies ein eigener Bereich der Philosophie, den die Tradition bzw. Polemik als »reines Wortspiel« betrachtet. Das griechische Vorbild dieser Verbannung ist die Sophistik, von der Aristoteles im Buch Γ der *Metaphysik* sagt, sie beschäftige sich nicht mit dem Sinn, sondern dem, was in »ihrer Rede in den Lauten und Worten« ist (IV, 1009a 20-22), und was das philosophische Wörterbuch von Lalande, bei aller Orthodoxie, aber nicht ohne Paradoxie, als »eine Philosophie der verbalen Argumentation, ohne Ernsthaftigkeit und Festigkeit«[23] definiert. Als hätte man, von griechischer Zeit an, zwangsweise wählen müssen zwischen λόγος-

22 Walter Benjamin, »Die Aufgabe des Übersetzers«, in: ders., *Gesammelte Schriften*, hg. v. Rolf Tiedemann, Hermann Schweppenhäuser u. Tillmann Rexroth, Bd. IV.1, Frankfurt a.M. 1972, S. 9–21.

23 Vgl. André Lalande (Hg.), *Vocabulaire technique et critique de la philosophie*, Paris 1902–1923 – im Französischen meist einfach »Le Lalande« genannt (Anm. d. Übers.).

Rede und λόγος-Vernunft, zwischen Geschwätz oder Verführung einerseits und Wissen andererseits.

Auf den ersten Blick könnte man vermuten, dass der Schnitt einfach zu vollziehen ist. Man müsste beispielsweise die Psychoanalyse aus der Philosophie ausschließen. Derridas Satz über den »Wortkörper« ist übrigens in einen Kommentar zu Freuds *Traumdeutung* eingebunden, wobei der Ansatzpunkt in einem Bereich besteht, in dem sich *par excellence* der Signifikant »nicht vor dem Signifikat auslöscht«: dem Traum (»Ein Traum ist in der Regel unübersetzbar in eine andere Sprache«[24]). Aus dieser Betrachtungsweise heraus gibt es keine grundsätzliche Differenz zwischen dem kratylischen Genie eines Sokrates, wenn er sich zu einer Spekulation der »Heroen« aus dem »Eros« verleiten lässt:

> [...] dann wirst du sehen, dass von dem Eros, woher die Heroen entstehen, nur ein weniges abgewichen ist, des Namens wegen. Also entweder will der Name dieses von den Heroen sagen, oder [...] dass sie fähig zu fragen [waren]. ⟨Quelle 3⟩

und einem Text von Lacan, der bereits im Französischen das Wortspiel durch Kursivierung hervorhebt wie ein Übersetzer durch Klammereinschübe, beispielsweise in *L'Étourdit*:

> Ich beginne mit der Homophonie – von der die Orthographie abhängt. Dass in der Sprache, welche die meine ist, womit ich weiter oben ja schon gespielt habe, zwei [deux] äquivok ist mit aus ihnen [d'eux], bewahrt die Spur jenes Spiels der Seele, durch welches aus ihnen zwei-zusammen zu machen seine Grenze darin findet, »zwei zu machen« aus ihnen [faire deux d'eux]. ⟨Quelle 12⟩

In dieser Kratylie, die verkündet, dass die Etymologie keine exakte Wissenschaft ist, wird man zwischen Un-Sinn und dem Herzstück des

---

24 Sigmund Freud, *Traumdeutung*, hier zitiert nach Derrida, »Freud und der Schauplatz der Schrift«, S. 322.

Sinns hin und her geworfen, und man kann allerhöchstens die Reflexion über den Umgang mit Signifikanten, im Gegensatz zu diesen Praktiken selbst, dem Philosophischen zuschlagen. Lacan, der folgendermaßen fortfährt, weiß das:

> Ich behaupte, dass hier alle Schläge erlaubt sind, aus dem Grunde, dass, wer auch immer in ihrer Reichweite ist, ohne sich darin wiedererkennen zu können, sie es sind, die uns mitspielen. Außer wenn die Dichter ein Kalkül daraus machen oder der Psychoanalytiker sich ihrer bedient da, wo es passt.[25]

Wir sollten jedoch vielmehr die philosophische Ernsthaftigkeit und das Ausmaß des Phänomens der Homonymie (dasselbe Wort, mehrere Definitionen; der Hund: Sternbild und bellendes Tier) gründlicher prüfen, von dem die Homophonie (derselbe Klang, mehrere Definitionen; *le vair de la pantoufle fragile comme du verre [der Feh der Pantoffel, zerbrechlich wie Glas]*) nur einen Extremfall und eine moderne Karikatur darstellt. Als Aristoteliker, die wir sind, geben wir bereitwillig zu, dass es weniger Worte als Dinge gibt, und dieselbe Lautsequenz daher verschiedene Bedeutungen haben kann. Dann würde es sich lediglich um ein sprachliches Missgeschick handeln, das den Philosophen vor die Aufgabe stellte, Definitionen auseinanderzuhalten und die Sprache dahingehend zu vervollständigen. Wir bewegen uns jedoch auf einem Gelände, das sehr viel schlüpfriger ist als es zunächst den Anschein hat. Es lässt sich nämlich selbst bei Aristoteles kaum ein Beispiel für ein Homonym finden, das wirklich ἀπὸ τύχης bestehen bleibt, als eine Sache reinen Zufalls: Tatsächlich ist es nicht schwer, zwischen der Zeichnung des Sternbildes Hund und einem Hund oder zwischen dem Schlüssel und dem Schlüsselbein (in beiden Fällen κλεις) »Ähnlichkeit« festzustellen. Homonyme lassen sich, wenn überhaupt, also schwer von Begriffen unterscheiden, die mehrere Bedeutungen (πολλαχῶς λεγόμενον) haben, deren nicht-akzidentelle Plurivozität

25 https://lacan-entziffern.de/letourdit/jacques-lacan-letourdit-teil-i-uebersetzt-von-max-kleiner/ [07.01.2022]

jedoch auf eine »fokale Einheit« (πρὸς ἕν) verweist. Das Wort ›Sein‹ bringt in dieser Weise das Paradigma hervor: Es meint zugleich ›Sein‹ im Sinne der Kopula (»Sokrates *ist* sterblich« – außerdem *ist* er auch klein und er *ist* auf der Agora, etc., gemäß allen Kategorien), ›Sein‹ im Sinne der Existenz (»das Sein *ist*«), ›Sein‹ im veritativen Sinne (»*ist* dem so?«), ganz zu schweigen von dem, was uns gegenwärtig zu verstehen Mühe bereitet, nämlich ›Sein‹ im Sinne von Potenz und Akt. Daraus können wir wahlweise schlussfolgern, dass es entweder nicht wirklich Homonyme gibt oder dass sie konstitutiver Bestandteil einer Sprache sind – in den Worten Lacans: Jede Sprache ist »die Gesamtheit« ihrer Äquivokationen.

Unvereinbarkeit der Bedeutungsnetze. – Die Übersetzung macht etwas erkennbar. Sie erlaubt, die Bedeutungen eines Wortes in ihren Wechselbeziehungen als befremdlich und als fremd wahrzunehmen. Dies führt uns zur Differenz zwischen ontologischem und logologischem Ansatz – in unserem Fall Heidegger und Benveniste – zurück. Beide kommen zu demselben faktischen Befund, aber der erste Ansatz konstatiert ein ontologisches Schicksal, der zweite Identitäten und Unvereinbarkeiten. So sagt Heidegger: »Dass die Ausbildung der abendländischen Grammatik aus der griechischen Besinnung auf die *griechische* Sprache entsprang, gibt diesem Vorgang seine ganze Bedeutung. Denn diese Sprache ist (auf die Möglichkeiten des Denkens gesehen) neben der deutschen die mächtigste und geistigste zugleich.«[26] Und Benveniste mit Blick auf die Ewe-Sprache, die anstelle von ›sein‹ über fünf unterschiedliche Verben verfügt, die nichts, weder auf morphologischer noch syntaktischer Ebene, miteinander verbindet, außer *für uns:*

> Hier soll lediglich gezeigt werden, dass die sprachliche Struktur des Griechischen den Begriff des ›Seins‹ zu einer philosophischen Beru-

---

26 Martin Heidegger, *Einführung in die Metaphysik (Sommersemester 1935)*, in: ders., *Heidegger Gesamtausgabe*, Band 40, hg. v. Petra Jaeger, Frankfurt a.M. 22020, S. 61.

> fung vorbestimmte. Im Gegensatz dazu bietet die Ewe-Sprache uns nur eine begrenzte Lösung, nur Einzelanwendungen. Wir können nicht sagen, welchen Platz das ›Sein‹ in der Ewe-Metaphysik innehat, aber a priori muss der Begriff sich dort ganz anders artikulieren.[27]

Heidegger wiederum schreibt:

> Die Einstellung auf Vieldeutigkeit (πολλαχῶς λεγόμενον) ist kein bloßes Herumstochern in isolierten Wortbedeutungen, sondern Ausdruck der radikalen Tendenz, die bedeutete Gegenständlichkeit selbst zugänglich und die Motivquelle der verschiedenen Weisen des Bedeutens verfügbar zu machen.[28]

Genau darum geht es: Man kann entweder die Konvergenz privilegieren, indem man den Blick auf die Einzigkeit der Quelle und des Objekts richtet oder im Gegenteil beschließen, sich in der Vielheit zu bewegen, indem man nicht-deckungsgleiche Bedeutungsnetze einander gegenüberstellt – gerade das bringt die Übersetzung in Form von Klüften und Nähten, Verschiebungen und Sprüngen zum Vorschein. Die Akzentuierung von entweder Einheit oder Vielheit gilt für die Mikro-Systeme, die die Wörter sind, ebenso wie für die Vernetzungen, in die sie eintreten. Betrachten wir das griechische Wort λόγος. All seine Bedeutungen kommen zweifelsohne aus einer einzigen Quelle (λέγειν, »(auf)lesen, versammeln« – die – »lesende Lege«[29]), aber diese »Einheit« lässt sich in den anderen Sprachen genaugenommen nur als Wortspiel auffassen: *ratio-oratio*, *compte-conte*, *aus-*, *er-*, *vor-*, *legen-liegen-lesen* etc. In einem beliebigen Werk eines Autors, etwa Aristote-

---

27 Émile Benveniste, »Kategorien des Denkens und Kategorien der Sprache«, in: *Probleme der allgemeinen Sprachwissenschaft*, übers. v. Wilhelm Bolle, München 1974, S. 89.

28 Martin Heidegger, *Phänomenologische Interpretationen zu Aristoteles* [1922], Stuttgart 2003, S. 14.

29 Martin Heidegger, *Logos (Heraklit, Fragment 50)*, in: ders., *Gesamtausgabe,* Band 7, hg. v. Friedrich-Wilhelm von Herrmann, Frankfurt a.M. 2000, S. 221, [»*logos* ist: die lesende Lege und nur dieses«].

les' *De Anima*, muss man λόγος bald als Formel oder Definition (»der λόγος der Seele ist es, der λόγος des Körpers zu sein«), bald als Rede, Sprache, Vernunft (»der λόγος ist das Eigene des Menschen«), bald als Mittelbegriff, mathematische Proportion (»die Empfindung ist ein λόγος entgegengesetzter Qualitäten«) wiedergeben. Wer übersetzt, kann entweder auf die Tragkraft der Sprache setzen und sich an ihr erfreuen, oder aber im Gegenteil die Klüfte erforschen und gleichsam gegen den Strom die Operationen aufspüren, die, außer Kraft gesetzt, von der Sprache schlechterdings geglättet worden sind.[30] Es gibt hier zweifelsohne zwei Lesarten eines Textes, eines Werkes, der Philosophie und ihrer Geschichte: entweder geradlinig auf das Eine und die Zusammengehörigkeit ausgerichtet oder, gegen den Strich, das Multiple und Heterogene in den Blick nehmend. Mit der zweiten Methode werden die Geographie und Kartographie eine Chance haben, die mystifizierende Vorstellung von Geschichte und dem Geschichtlichen abzulösen.

Was auch immer wir daraus machen, ich schlage vor, die semantische Unvereinbarkeit mithilfe von Schleiermacher zu verallgemeinern und zusammenzufassen:

> Hier [in der eigentlichen Philosophie] mehr als irgendwo enthält jede Sprache [...] doch Ein System von Begriffen in sich, die eben dadurch dass sie sich in derselben Sprache berühren, verbinden, ergänzen, Ein Ganzes sind, dessen einzelnen Theilen aber keine aus dem System anderer Sprachen entsprechen, kaum Gott und Sein, das Urhauptwort und das Urzeitwort abgerechnet. Denn auch das schlechthin allgemeine, wiewol außerhalb des Gebietes der Eigentümlichkeit liegend, ist doch von ihr beleuchtet und gefärbt ⟨Quelle 7⟩.

Das lässt sich zudem anhand der Überlegungen von Jean-Pierre Lefebvre – einem der hellsichtigsten Hegel-Übersetzer ins Französische – veranschaulichen, bei dem man, gleichsam als krass Unübersetzbare,

30 Ich erlaube mir, an dieser Stelle auf mein Buch *Aristote et le logos. Contes de la phénoménologie ordinaire*, Paris 1997 zu verweisen.

die *Fremdwörter** und das doppelte lateinisch-germanische Register bei Hegel wiederfindet ⟨Quelle 15⟩.

Von den Syntagmen oder: Über die Linguistik. – Fortan wird es genügen, die anderen Ebenen der Unübersetzbarkeit lediglich anzudeuten, von denen aus sich jeweils weitere Felder erschließen lassen.

Man kann die Diagnose fehlender Deckungsgleichheit mühelos auf die Gesamtheit der Syntagmen einer Sprache ausweiten. Die Analyse findet auf der Ebene der Sprachstruktur statt, angefangen bei den Modalitäten der Wortbildung und der Wortneuschöpfung (zum Beispiel die Funktionsweise der Verbalpräfixe und Möglichkeiten für Komposita), über den grammatikalischen Status der Wörter (Substantivierung, Partizip, Gerundivum) und ihre Anordnung im Satz (Syntax, Wortstellung, deren mehr oder weniger freie Regelung, insbesondere je nach vorhandener Deklination), bis hin zur Anordnung der Sätze untereinander (parataktisch oder durch Verbindungsglieder samt Wucherung von Partikeln und Füllwörtern). Man betritt hier endgültig das Gebiet der Linguistik, wenngleich die von Linguisten ausgearbeiteten Kategorien und Instrumente auch immer wieder von Philosophen aufgegriffen werden, die sich bemühen nachzuweisen, dass diese Instrumente nicht minder als die Grammatik selbst philosophisch beladen sind.

Ich möchte noch eine Anmerkung anbringen und dabei so wenig kategorisch wie möglich sein. Was man kurzerhand das Lexikalische und das Syntaktische nennt, sind nicht zwei getrennte Gebiete, sondern bloß zwei verschiedene Zuschnitte der Analyse, so wie zuvor das Lautmaterial und die Bedeutung. Das Verhältnis von Syntax und Semantik im Fall von »sein« bezeugt dies hinreichend. Es ist besonders interessant, anhand einer gegebenen Operation wie zum Beispiel der Verneinung zu verstehen zu versuchen, wie die differentiellen Züge von Sprachen sich ineinander verkeilen, wobei die fehlende Deckungsgleichheit von Sprache zu Sprache die Unübersetzbarkeit ausmacht. Man kann unmöglich die jeweiligen Probleme nicht zueinander in

Beziehung setzen, welche sich beispielsweise durch eine Reihe von Unterscheidungen im Bereich der Negation ergeben:

1. Privation und Negation: οὐδέν, als ob man im französischen *rien* (»nichts«) *rem* (»etwas«) mithörte, im Gegensatz zu μηδέν, das weder eine Beziehung zu dem aufweist, was man erwartet hatte, noch zu überhaupt etwas, eher wie *nada;*

2. faktuale und prohibitive Negation (οὐ und μή);

3. die Syntagmatik, welche die Wortbildung und Worttrennung im Altgriechischen regelt: μηδέν (»nichts«), das sich als μηδ'ἕν (»nicht einmal eines«) entschlüsseln lässt, von dem Demokrit durch einen falschen Schnitt durch das Wort jedoch das berühmte δέν als ein »etwas« abtrennt, das weniger ist als nichts;

4. das Verhältnis von verbaler und nominaler Negation;

5. das Verhältnis von einfacher und zusammengesetzter Negation;

6. die Regeln der Verstärkung und Aufhebung von Negation usw.

An der Kreuzung einer jeden Spezifizierung erheben sich Texte in ihrer jeweils eigenen Sprache, und sie lassen sich in andere entweder »auf natürliche Weise« umkodieren oder nicht. Ein einfaches Beispiel: Der berühmte Text der *Odyssee,* in welchem Odysseus dem Zyklopen mitteilt, dass er Οὔτις (»Niemand«) heißt, funktioniert im Französischen besonders schlecht, weil das expletive »ne« dazu zwingt, zwischen »Personne me tue«, »Der Niemand [also derjenige, der sich ›Niemand‹ nennt] tötet mich«, und »Personne *ne* me tue«, »Niemand [also keiner] tötet mich« zu unterscheiden – ganz zu schweigen vom Wortspiel mit μή τις, »niemand« (prohibitiv) und der berühmten μῆτις, »Klugheit, Gewitztheit, Findigkeit«, deren Inkarnation Odysseus ist. Im Anhang finden sich das Fragment II des Parmenides – in dem sich das Problem des »ist« und der »Negation« überkreuzen – samt einigen Übersetzungsversuchen, in denen sich die fehlende Deckungsgleichheit niederschlägt und in interpretatorischen Entscheidungen Gestalt annimmt[31] ⟨Quelle 2⟩. Und man wird mit Schleiermacher frei-

31 Zu diesen Übersetzungsentscheidungen und Spezifizierungen des Unübersetz-

mütig zugeben, dass der buchstäblichste Übersetzer »von den größten Kennern und Meistern am mitleidigsten belächelt werden [wird], dass sie sein mühsames und voreiliges Deutsch [oder sein Französisch, sein Englisch, usw.] nicht verstehen würden, wenn sie nicht ihr hellenisches und römisches dazu nähmen«[32].

Über Werke, Stile oder über die Hermeneutik. – Mit diesen Beispielen sind wir zur letzten Schicht der Unübersetzbarkeit vorgedrungen, die zum Bereich der Hermeneutik *stricto sensu* gehört. Die Analyse bewegt sich auf der Ebene eines Werkes und seiner Gattung, eines Autors und seines Stils. Es geht dabei nicht nur um die Sprachgeschichte, sondern um die Spezifizität des Werkes, um die Vergleichspunkte, an denen es sich misst, um die singulären Vernetzungen, die es ausprägt: durch die Wahl von Gattung, exoterischer oder esoterischer Adressierung, Sprachniveau und Stil, durch Bezug auf die Tradition, Vorbilder, Referenzen, durch die Bildung von Palimpsesten und Innovationen etc. Jeder Autor (darin liegt zweifelsohne das oberste, ja das einzige Prinzip der Hermeneutik) erzeugt, indem er in einer Sprache schreibt, *seine* Sprache: »Er ist ihr Organ und sie ist seines«,[33] derart, dass das Unübersetzbare nun ein für alle Mal als jeweils neuer Fall (*de l'ordre du ›chaque‹*) betrachtet werden muss.

Ich unterstreiche dabei die Bedeutung der Zeit. Die Sprache ist ein »historisches Wesen«, weshalb der »Uebersetzer wissenschaftlicher Werke«, wie Schleiermacher formuliert, wenn er die Philosophie meint und allein dadurch seinen Text datiert, beobachten muss, »welche Wörter welche Verbindungen ihm dort noch in dem ersten Glanz der Neuheit erscheinen« ⟨Quelle 8⟩. Doch wie soll man »heute« durch ein »altes und verbrauchtes« Wort ein »neues Wort der Urschrift«

---

baren im Gedicht siehe Barbara Cassin, *Parménide, Sur la nature ou sur l'étant. La langue de l'être?*, Paris 1998.

32 Schleiermacher, »Ueber die verschiedenen Methoden des Uebersezens«, S. 81.

33 Friedrich Schleiermacher, *Allgemeine Hermeneutik* (1809–10), in: ders., *Kritische Gesamtausgabe*, Band 4, hg. v. Wolfgang Virmond, Berlin / New York 2012, § 15, S. 1273.

wiedergeben? Genau dieses Problem, verbunden mit der Frage des Sprachregisters, stellt sich auch Luther, wenn er in Bezug auf seine Gegenwart und mit Blick auf die Zartheit des Engelsgrußes das Recht einfordert, nicht mehr altertümelnd dem »lateinischen Buchstaben nach zu verdeutschen« und Maria »vol gnaden« zu schreiben, sondern »liebe Maria«.[34] Alles in allem – und davon zeugt das letzte Beispiel, in dem es nicht nur um die Sprache geht, sondern auch um die Übersetzung als ἐνέργεια: Angesichts der »unüberwindbaren« Schwierigkeiten, die sich der Möglichkeit des Übersetzens entgegenstellen, und zwar aufgrund aller Arten von Eigensinnigkeit, die entweder der Sprache selbst, dem Werk oder dem Autor zuzurechnen sind, kann es nur um den Einzelfall gehen.

Es ist nicht allzu kontrovers, die Philosophie zwischen Wissenschaft und Literatur, zwischen Mathem und Poem zu verorten. Aufgrund folgender unumgänglicher Aspekte, wird sie immer in Sprache(n) geschrieben. 1) Die Philosophie formuliert sich als Werk: Sie erbt und erneuert, ihr Idiom verändert die Sprache. 2) Die Philosophie arbeitet an der Frage der Sprache, die Sprache wird zu ihrem Gegenstand. 3) Philosophische Begrifflichkeit, philosophisches Denken wird im Übergang von einer Sprache zur anderen entwickelt, und zwar in den großen Momenten der Übersetzung und der Übersetzungsreflexion, der Aneignung und terminologischen Neuschöpfung. 4) Philosophisches Denken entsteht, sobald man die Verzerrungen zwischen den Sprachen, ihre Unvereinbarkeit, zum Gegenstand macht. In alle diese Aspekte ist die Unübersetzbarkeit, als Symptom und/oder als Problemstellung, impliziert. Es gibt einerseits die Tendenz der analytischen Philosophie, diese Gesichtspunkte zu übergehen und diese willentliche Ausklammerung als Wahrheit auszugeben, und es gibt andererseits die heideggerianische Tendenz, einen Teil davon zu isolieren, ihn geschichtlich auszubeuten und diese Ausbeutung als Geschick [*donation*] (→ Supplement 2 »donation«) auszugeben. Bleibt uns, meine

34 Martin Luther, »Sendbrief vom Dolmetschen«, in: ders., *Werke. Kritische Gesamtausgabe*, Weimar 1883, Band 2, hg. v. Joachim Karl Friedrich Knaake, S. 632–646, hier S. 638.

ich, nichts anderes, als nach Wegen zu suchen, die uns taxonomischer, geographischer, und vielleicht mit wirklichem Staunen, an diese Phänomene heranführen.

Anhang: Quellen

⟨1⟩ Bereschit/Genesis 11,1–9[35]

1 Et ce fut toute la terre langue une
Et paroles unes

Und es war auf der ganzen Erde einerlei Zunge
und einerlei Reden

2 Et ce fut dans leur voyage vers l'orient
Et ils trouvèrent une vallée au pays de Chin'ar et là ils s'établirent

Und es geschah auf ihrer Reise nach Osten
Und sie fanden ein Tal im Land Schinar und ließen sich dort nieder

3 Et ils dirent l'un vers l'autre allons faisons blanchir des briques blanches et flambons pour la flambée
Et la brique blanche pour eux fut la roche et la boue rouge pour eux fut l'argile

Und sie sprachen einer zum anderen los weißen wir Weißziegel und brennen zum Brand
Und es wurde ihnen der Weißziegel zum Stein und der Rotschlamm wurde ihnen zum Mörtel

4 Et ils dirent allons construisons-nous une ville et une tour et sa tête dans le ciel et faisons-nous un nom
Sinon nous nous disperserons sur la surface de toute la terre

35 Übersetzung ins Französische von Henri Meschonnic u. Régine Blaig, in: Antoine Berman, Gérard Granel u. Annick Jaulin (Hg.), *Les tours de Babel. Essais sur la traduction*, Mauvezin 1985, S. 11 u. 13; Übers. der französischen Übersetzung ins Deutsche v. Jonathan Schmidt-Dominé.

Und sie sagten los bauen wir eine Stadt und einen Turm und seine Spitze in den Himmel und machen wir uns einen Namen
Sonst werden wir uns zerstreuen über die Gesichtsfläche der ganzen Erde

5 Et Adonaï descendit voir la ville et la tour
Que construisaient les fils de l'homme

Und es stieg herab Adonai zu sehen die Stadt und den Turm
Den erbauten die Söhne des Menschen

6 Et Adonaï dit si le peuple est un et la langue une pour eux tous et cela ce qu'ils commencent à faire
Et maintenant ne pourra être retranché d'eux rien de ce qu'ils méditeront de faire

Und es sagte Adonai wenn das Volk eines und die Zunge eine für alle ist und das ist was sie anfangen zu tun
Und nun wird nichts unerreichbar sein für sie von all dem was sie planen zu tun

7 Allons descendons et là embabelons leur langue
Qu'ils n'entendent pas l'un la langue de l'autre

Los wir steigen herab und verbabeln dort ihre Zunge
Dass sie sie nicht vernehmen der eine die Zunge des andern

8 Et Adonaï les dispersa de là sur la surface de toute la terre
Et ils cessèrent de construire la ville

Und es zersprengte Adonai sie von dort über die Gesichtsfläche der ganzen Erde
Und sie hörten auf zu bauen die Stadt

9 Sur quoi elle s'appela du nom de Babel parce que là Adonaï embabela la langue de toute la terre
Et de là Adonaï les dispersa sur la surface de toute la terre

Daher heißt man ihren Namen Babel denn dort verbabelte Adonai die Zunge der ganzen Erde
Und von dort versprengte sie Adonai über die Gesichtsfläche der ganzen Erde

⟨2⟩ Parmenides: Fragment 2

A) griechischer Text und deutsche Übersetzung durch Diels-Kranz, *Die Fragmente der Vorsokratiker*, Dublin / Zürich 1951 (6. Aufl.), I, S. 231.

B) Parmenides, *Vom Wesen des Seienden. Die Fragmente,* Griechisch – Deutsch, auf der Grundlage der Edition von U. Hölscher mit einer Einleitung neu hg. v. A. Reckermann, Hamburg 2014.

C) Französische Übersetzung von J. Baufret u. J.-J. Rinieri, in: *Parménide, Le Poème*, Paris 1955, S. 79.

D) Französische Übersetzung von M. Conche, in: *Parménide, Le Poème: Fragments*, Paris 1996, S. 75.

E) Französische Übersetzung von B. Cassin in: *Parménide, Sur la nature ou sur l'étant. La langue de l'être?*, Paris 1998.

F) Englische Übersetzung von J. Barnes in: *The Presocratic Philosophers*, London u.a. 1982 (überarbeitete Ausgabe), S. 157.

G) Englische Übersetzung von G. S. Kirk, J. E. Raven und M. Schofield, in: *The Presocratic Philosophers*, Cambridge u.a. 1983 (2. Aufl.), S. 245.

A)

Eἰ δ‹ ἄγ'ἐγὼν ἐρέω, κόμισαι δὲ σὺ μῦλον, ἀκούσας, / αἵπερ ὁδοὶ μοῦναι διζήσιός εἰσι νοῆσαι · / ἡ μὲν ὅπως ἔστιν τε καὶ ὡς οὐκ ἔστι μη εἶναι, / Πειθοῦς ἐστι κέλευθος (Ἀληθείηι γάρ ὀπηδεῖ), / ἡ δ' ὡς οὐκ ἔστιν τε καὶ ὡς χρεών ἐστι μὴ εἶναι, / τὴν δή τοι φράζω παναπευθέα ἔμμεν ἀταρπόν · / οὔτε γάρ ἄν γνοίης το γε μὴ ἐόν (οὐ γάρ ἀνυστόν) / οὔτε φράσαις.

Wohlan, so will ich denn sagen (nimm du dich aber des Wortes an, das du hörtest), welche Wege der Forschung allein zu denken sind: der eine Weg daß Ist *ist* und daß Nichtsein nicht ist, das ist die Bahn der Übersetzung (denn diese folgt der Wahrheit), der andere aber, daß nicht ist *ist* und daß Nichtsein erforderlich ist, dieser Pfad ist, so künde ich dir, gänzlich unerkundbar; denn weder erkennen könntest du das Nichtseiende (das ist ja unausführbar) noch aussprechen.

B)

So komm denn, ich will dir sagen – und du nimm die Rede auf, die du hörst – / welche Wege des Suchens allein zu denken sind. / Der eine: daß (etwas) ist, und daß nicht zu sein unmöglich ist, / ist der Weg der Überzeugung, denn die geht mit der Wahrheit. / Der andre: daß (etwas) nicht ist, und daß nicht zu sein richtig ist, / der, zeige ich dir, ist ein Pfad, von dem keinerlei Kunde kommt. / Denn was eben nicht ist, kannst du wohl weder wahrnehmen – denn das ist unvollziehbar – / noch aufzeigen.

C)
Eh bien donc je vais parler – toi, écoute mes paroles et retiens-les – je vais te dire quelles sont les deux seules voies de recherche à concevoir: la première – comment il est et qu'il n'est pas possible qu'il ne soit pas – est le chemin auquel se fier – car il suit la Vérité. La seconde, à savoir qu'il n'est pas et que le non-être est nécessaire, cette voie, je te le dis, n'est qu'un sentier où ne se trouve absolument rien à quoi se fier. Car on ne peut ni connaître ce qui n'est pas – il n'y a pas là d'issue possible –, ni l'énoncer en une parole.

D)
Viens donc, je vais dire – et toi, l'ayant entendu, / garde bien en toi ma parole – quelles sont les seules voies / de recherche à penser: l'une qu'il y a et que non-être il n'y a pas, / est chemin de persuasion (car celle-ci accompagne la vérité); / l'autre qu'il n'y a pas et qu'il est nécessaire qu'il n'y ait pas: / celle-là, je te le montre, est un sentier dont on ne peut / rien apprendre. Car tu ne saurais ni connaître le n'étant pas / (car il n'offre aucune prise), ni en montrer des signes.

E)
Viens que j'énonce – mais toi, charge-toi du récit que tu auras entendu – / quelles voies de recherche seules sont à penser: / l'une que est et que n'est pas ne pas être, / c'est le chemin de la persuasion, car il suit la vérité; l'autre que n'est pas et qu'il faut ne pas être, / celle-là, je t'indique que c'est un sentier dont on ne peut rien savoir / car tu ne saurais connaître ce qui, en tout cas, n'est pas (car on ne peut en venir à bout) / ni l'exprimer.

F)
Come then, I will tell you (and you must spread the story when you have heard it) / what are the only roads of inquiry for thinking of: / one, both that it is and that it is not for not being, / is the path of Persuasion (for Truth accompanies it); / the other, both that it is not and that it is necessary for it not to be / – *that*, I tell you, is a track beyond all tidings. / For neither you recognize that which is not (for it is not accomplishable).

G)
Come now, and I will tell you (and you must carry my account away with you when you have heard it) the only ways of enquiry that are to be thought of. That one, that [it] is and that it is impossible for [it] not to be, is the path of Persuasion (for she attends upon Truth); the other, that [it] is not and that it is needful that [it] not be, that I declare to you is an altogether indiscernible track: for you could not know what is not – that cannot be done – not indicate it.

⟨3⟩ Platon: *Kratylos*, 398c–399c (deutsche Übersetzung von Friedrich Schleiermacher)

Hermogenes: [...] Aber ein »Heros«, was bedeutet das wohl?

Sokrates: Das ist gar nicht schwer zu sehen. Denn nur ein klein wenig ist der Name verändert und deutet darauf, daß sie ihre Entstehung dem Eros verdanken.

Hermogenes: Wie meinst du das?

Sokrates: Weißt du nicht, daß die Heroen Halbgötter sind?

Hermogenes: Ja, und nun?

Sokrates: Also sind sie alle entstanden dadurch, daß Eros entweder einen Gott einer Sterblichen oder eine Göttin einem Sterblichen zuführte. Du mußt nur auch dieses nach der alten attischen Mundart betrachten, um es noch leichter zu finden; denn dann wirst du sehen, daß von dem Eros, woher die Heroen entstehen, nur ein weniges abgewichen ist, des Namens wegen. Also entweder will der Name dieses von den Heroen sagen, oder weil reden [λέγειν] ehedem »haren« [εἴρειν] hieß, sagt er, daß sie weise waren, gewaltige Redner und dialektische Männer, fähig, zu fragen [ἐρωτάειν] und zu haren. In der attischen Mundart, die wir eben erwähnten, stellen sich also die Heroen als Redner [ῥήτορές] und Ausfrager [ἐρωτητικοὶ] heraus, so daß dieser ganze heroische Stamm ein Geschlecht von Rednern und Sophisten wird. Dies war also nicht schwer einzusehen, weit mehr aber von wegen der Menschen, warum die doch »Menschen« [ἄνθρωποι] heißen. Weißt du es zu sagen?

Hermogenes: Woher doch, du Guter, sollte ich es wissen? Und wenn ich vielleicht auch imstande wäre, es zu finden, gebe ich mir doch keine Mühe darum, weil ich glaube, du wirst es weit besser finden als ich.

Sokrates: Also hältst du etwas auf die Eingebung des Euthyphron, wie es scheint?

Hermogenes: Ganz sicher.

Sokrates: Du hast schon recht. Denn auch dies, glaube ich, habe ich gar herrlich gefaßt und werde am Ende, wenn ich mich nicht bescheide, heute noch weiser sein, als ich sollte. Sieh nur zu, was ich meine. Zuerst aber mußt du dir dieses merken wegen der Wörter, daß wir oft Buchstaben einsetzen, oft auch hinauswerfen, wenn wir etwas wovon benennen wollen und ebenso auch oft den Ton versetzen. Wie zum Beispiel »an Frieden reich«, damit uns hieraus ein Wort werde anstatt eines ganzen Satzes, werfen wir das Ende des einen Wortes heraus, und das andere stumpfen wir ab, daß es unbetont gesprochen wird, da es vorher betont war. Bei anderen Worten wiederum setzen wir Buchstaben dazwischen und schärfen das Unbetonte.

Hermogenes: Richtig.

Sokrates: Dergleichen etwas ist nun auch bei dem Worte Mensch begegnet, wie mich dünkt. Denn es ist ein ganzer Satz zu einem Worte geworden dadurch, daß man Anfang und Ende herausgeworfen und dafür einer stumpfen Silbe den Ton gegeben und sie geschärft hat.

Hermogenes: Wie meinst du das?

Sokrates: So. Dieser Name »Mensch« bedeutet, daß die anderen Tiere von dem, was sie sehen, nichts betrachten noch vergleichen oder eigentlich *anschauen*, der Mensch aber, sobald er gesehen [ὄπωπε] hat, auch zusammenstellt und *anschaut*. Daher wird unter allen Tieren der Mensch allein »Mensch« [ἄνθρωπος] genannt, weil er *zusammenschaut, was er gesehen hat* [ἀναθρῶν ἃ ὄπωπε].

Hermogenes: Wie nun? Soll ich dir sagen, was ich nächstdem gern wüßte?

⟨4⟩ Johann Gottfried Herder, *Briefe zur Beförderung der Humanität*, in: ders., *Ausgewählte Werke*, Hildburghausen 1871, Band 4, hg. v. Heinrich Kurz, S. 406 (Brief 101).

Zu diesem Zweck haben wir ein vortrefliches Mittel in unsrer Gewalt, unsre *Sprache*; sie kann uns das seyn, was dem Kunst-nachahmenden Menschen die *Hand* ist. Man rühmt den Sklavonischen Sprachen nach, daß sie zur Nachbildung fremder Idiome in jeder Wendung, in jedem Uebergange geschickt seyn; die deutsche Sprache hat diese Fähigkeit vor allen Töchtern der lateinischen, selbst vor der Englischen Sprache. Alle diese sind von Zwitternatur; aus ihren engeren oder weiteren Schranken können sie nicht hinaus, um sich einer fremden Sprache nur einigermaassen zu bequemen. Vor allen ist die Französische Sprache die gebundenste, die gleichsam gar nicht übersetzen, gar nicht nachbilden kann; eine *ewig Ungetreue*, muß sie alles nur auf *ihre*, d. i. auf eine sehr mangelhafte Weise sagen. Die Deutsche Sprache, unvermischt mit andern, auf ihrer eignen Wurzel blühend und eine Stiefschwester der vollkommensten, der griechischen Sprache, hat eine unglaubliche Gelenkigkeit, sich dem Ausdrucke, den Wendungen, dem Geist, selbst den Sylbenmaaßen fremder Nationen, sogar Griechen und Römern anzuschliessen und zu fügen. Unter der Bearbeitung jedes eigenthümlichen Geistes wird sie gleichsam eine neue, ihm eigne Sprache.

Mithin halte ichs nicht nur für keine Schande, wenn man uns Nachahmung vorwirft; vielmehr vermehrt es den Reichthum unsrer Gedanken und Wendungen, unsrer Vorstellungs- und Sprachweisen, wenn wir, wie keine andre Nation thun kann, die Gestalt fremder Idiome mit überlegendem Verstande und weiser Hand nachbilden. Möge *Hagedorn* dem *Horaz*, dem *Pope*, *Chaulieu* und vielen andern, die er nicht verschwiegen, möge *Gleim* dem *Anakreon* und wenn man will, auch dem *Aesop, Phädrus, Tyrtäus, Moncrif, Bernard* u. f. nachgeahmt haben; ahmten sie als Männer nach, also daß ihre Nachbildung in unsrer Sprache ein Werk war, um so besser; so haben sie ihre Nation mit vortreflichen Denkweisen mehrerer Geister und Völker bereichert.

⟨5⟩ Wilhelm von Humboldt, »Fragmente der Monographie über die Basken« [1801–2], in: ders., *Gesammelte Schriften,* Band VI.2: Paralipomena, hg. v. Albert Leitzmann, Berlin 1908, S. 593–608, hier S. 602 f.

Die Sprache, und nicht bloss im Allgemeinen, sondern jede besondre, auch die ärmste und roheste, ist an und für sich ein des angestrengtesten Nachdenkens würdiger Gegenstand. Sie ist nicht bloss, wie man gewöhnlich zu sagen pflegt, der Abdruck der Ideen eines Volks, für viele ihrer Zeichen lassen sich die Ideen gar nicht abgesondert von ihr aufzeigen; sie ist die gesammte geistige Energie desselben, gleichsam durch ein Wunder in gewisse Töne gebannt, in dieser Gestalt durch den innren Zusammenhang dieser Klänge andern verständlich, und wieder die ähnliche Energie in ihnen, nur auf ihre Weise, erweckend. Der Mensch geht zwar über seine Sprache hinaus; er ist mehr, als er in Worten auszusprechen vermag; aber er muss den flüchtigen Geist in Worte fassen, um ihn zu heften, und die Worte als Stützen gebrauchen, um über sie selbst noch hinauszureichen. Mehrere Sprachen sind nicht ebensoviele Bezeichnungen einer Sache; es sind verschiedene Ansichten derselben, und wenn die Sache kein Gegenstand der äusseren Sinne ist, sind es oft ebensoviele, von jedem anders gebildete Sachen, in denen jeder nur soviel von dem seinigen wiederfindet, um das Fremde darin erfassen und in sich übertragen zu können. Es sind Hieroglyphen, in denen jeder die Welt und seine Phantasie abdrückt, und die sich, da Welt und Phantasie im Ganzen dieselben bleiben, und die Phantasie immer nach Gesetzen der Aehnlichkeit Bildungen an Bildungen reiht, gegenseitig wiedererzeugen, sich vervielfältigen und weiter bilden. Durch die Mannigfaltigkeit der Sprachen wächst unmittelbar für uns der Reichthum der Welt und die Mannigfaltigkeit dessen, was wir in ihr erkennen; es erweitert sich zugleich dadurch für uns der Umfang des Menschendaseyns, und neue Arten zu denken und empfinden stehen in bestimmten und wirklichen Charakteren vor uns da. Da die Sprachen immer ein Eigenthum ganzer Nationen sind, so dürfen wir in ihnen nie die Spitzfindigkeiten, oder die Ausschweifungen der Phantasie befürchten, deren sich oft Einzelne schuldig machen. Was sie uns darbieten, ist volle, reine und schlichte Menschennatur; wenn wir aber die Tiefen ihrer Geheimnisse durchdringen, so können wir unsre trockne Verstandescultur noch jetzt durch die jugendliche Einbildungskraft jener Völker auffrischen, die jeden Eindruck, wie die junge Welt ihn ihren noch unabgestumpften Sinnen darbot, in die Hülle eines beweglichen und lebendigen Bildes verschlossen.

Das Studium der Sprachen des Erdbodens ist also die Weltgeschichte der Gedanken und Empfindungen der Menschheit. Sie schildert den Menschen unter allen Zonen, und in allen Stufen seiner Cultur; in ihr darf nichts fehlen, weil alles, was den Menschen betrift, den Menschen gleich nahe angeht.

⟨6⟩ Friedrich Schleiermacher, »Ueber die verschiedenen Methoden des Uebersezens«, in: *Kritische Gesamtausgabe*, 1. Abteilung, Band 11, hg. v. Martin Rößler, Berlin 2002, S. 65–93, hier S. 69.

Die Alten haben offenbar wenig in jenem eigentlichsten Sinn übersezt, und auch die meisten neueren Völker, abgeschrekkt durch die Schwierigkeiten der eigentlichen Uebersetzung, begnügen sich mit der Nachbildung und der Paraphrase. Wer wollte behaupten, es sei jemals etwas weder aus den alten

Sprachen noch aus den germanischen in die französische übersezt worden! Aber wir Deutsche möchten noch so sehr diesem Rathe Gehör geben, folgen würden wir ihm doch nicht. Eine innere Nothwendigkeit, in der sich ein eigenthümlicher Beruf unseres Volkes deutlich genug ausspricht, hat uns auf das Uebersezen in Masse getrieben; wir können nicht zurükk und müssen durch. Wie vielleicht erst durch vielfältiges Hineinverpflanzen fremder Gewächse unser Boden selbst reicher und fruchtbarer geworden ist, und unser Klima anmuthiger und milder: so fühlen wir auch, daß unsere Sprache, weil wir sie der nordischen Trägheit wegen weniger selbst bewegen, nur durch die vielseitigste Berührung mit dem fremden recht frisch gedeihen und ihre eigne Kraft vollkommen entwickeln kann. Und damit scheint zusammenzutreffen, daß wegen seiner Achtung für das Fremde und seiner vermittelnden Natur unser Volk bestimmt seyn mag, alle Schäze fremder Wissenschaft und Kunst mit seinen eignen zugleich in seiner Sprache gleichsam zu einem großen, geschichtlichen Ganzen zu vereinigen, das im Mittelpunkt und Herzen von Europa verwahrt werde, damit nun durch Hülfe unserer Sprache, was die verschiedensten Zeiten schönes gebracht haben, jeder so rein und vollkommen genießen könne, als es dem Fremdling nur möglich ist. Dies scheint in der That der wahre geschichtliche Zwekk des Uebersezens im großen, wie es bei uns nun einheimisch ist.

⟨7⟩ ibid., S. 89

Wenn man sagen muß, daß schon im Gebrauch des gemeinen Lebens es nur wenige Wörter in einer Sprache giebt, denen eines in irgend einer andern vollkommen entspräche, so daß dieses in allen Fällen gebraucht werden könnte worin jenes, und daß es in derselben Verbindung wie jenes auch allemal dieselbe Wirkung hervorbringen würde: so gilt dieses noch mehr von allen Begriffen, je mehr ihnen ein philosophischer Gehalt beigemischt ist, und also am meisten von der eigentlichen Philosophie. Hier mehr als irgendwo enthält jede Sprache, troz der verschiedenen gleichzeitigen und auf einander folgenden Ansichten, doch Ein System von Begriffen in sich, die eben dadurch, daß sie sich in derselben Sprache berühren verbinden ergänzen, Ein Ganzes sind, dessen einzelnen Theilen aber keine aus dem System anderer Sprachen entsprechen, kaum Gott und Sein, das Urhauptwort und das Urzeitwort abgerechnet. Denn auch das schlechthin allgemeine, wiewohl außerhalb des Gebotes der Eigentümlichkeit liegend, ist doch von ihr beleuchtet und gefärbt. In diesem System der Sprache muß die Weisheit eines jeden aufgehn. Jeder schöpft aus dem vorhandenen, jeder hilft das nicht vorhandene aber vorgebildete ans Licht bringen. Nur so ist die Weisheit des einzelnen lebendig, und kann sein Dasein wirklich beherrschen, welches er ja ganz in dieser Sprache zusammenfaßt. Will also der Uebersezer eines philosophischen Schriftstellers sich nicht entschließen die Sprache der Uebersezung, soviel sich thun läßt, nach der Ursprache zu beugen, um das in dieser ausgebildete Begriffssystem möglichst ahnden zu lassen; will er vielmehr seinen Schriftsteller so reden lassen als hätte er Gedanken und Rede ursprünglich in einer andern Sprache gebildet: was bleibt ihm übrig bei der Unähnlichkeit der Elemente in beiden Sprachen, als entweder zu paraphrasiren – wobei er aber seinen Zweck nicht erreicht, denn eine Paraphrase wird und kann nie aussehn wie etwas in derselben Sprache ursprünglich hervorgebrachtes – oder er muß die ganze Weisheit und Wissenschaft seines Mannes umbilden in das Begriffssystem der andern Sprache, und so alle einzelnen Theile verwandeln, wobei nicht abzusehen ist, wie der wildesten Willkühr könnten Grenzen gesetzt werden.

⟨8⟩ ibid., S. 78

Nämlich, wie die Sprache ein geschichtliches Ding ist, so giebt es auch keinen rechten Sinn für sie, ohne Sinn für ihre Geschichte. Sprachen werden nicht erfunden, und auch alles rein willkührliche Arbeiten an ihnen und in ihnen ist Thorheit; aber sie werden allmählig entdekkt, und Wissenschaft und Kunst sind die Kräfte, durch welche diese Entdekkung gefördert und vollendet wird. Jeder ausgezeichnete Geist, in welchem sich unter einer von beiden Formen ein Theil von den Anschauungen des Volks eigenthümlich gestaltet, arbeitet und wirkt hiezu in der Sprache, und seine Werke müssen also auch einen Theil ihrer Geschichte enthalten. Dieses verursacht dem Uebersezer wissenschaftlicher Werke große ja oft unüberwindliche Schwierigkeiten; denn wer, mit hinreichenden Kenntnissen ausgerüstet, ein ausgezeichnetes Werk dieser Art in der Ursprache liest, dem wird der Einfluß desselben auf die Sprache nicht leicht entgehen. Er merkt welche Wörter welche Verbindungen ihm dort noch in dem ersten Glanz der Neuheit erscheinen; er sieht, wie sie durch das besondere Bedürfniß dieses Geistes und durch seine bezeichnende Kraft sich in die Sprache einschleichen; und diese Bemerkung bestimmt sehr wesentlich den Eindrukk, den er empfängt. Es liegt also in der Aufgabe der Uebersetzung, eben dieses auch auf ihren Leser fortzupflanzen; sonst geht ihm ein oft sehr bedeutender Theil dessen, was ihm zugedacht ist, verloren. Aber wie ist dieses zu erreichen? Schon im Einzelnen, wie oft wird einem neuen Worte der Urschrift gerade ein altes und verbrauchtes in unserer Sprache am besten entsprechen, so daß der Uebersezer, wenn er auch da das Sprachbildende des Werks zeigen wollte, einen fremden Inhalt an die Stelle sezen, und also in das Gebiet der Nachbildung ausweichen müßte! Wie oft, wenn er auch neues durch neues wiedergeben kann, wird doch das der Zusammensezung und Abstammung nach ähnlichste Wort nicht den Sinn am treusten wiedergeben, und er also doch andere Anklänge aufregen müssen, wenn er den unmittelbaren Zusammenhang nicht verlezen will! Er wird sich damit trösten müssen, daß er an andern Stellen, wo der Verfasser alte und bekannte Wörter gebraucht hat, das versäumte nachholen kann, und also im Ganzen doch erreicht, was er nicht in jedem einzelnen Falle zu erreichen vermag. Sieht man aber auf die Wortbildung eines Meisters in ihrem ganzen Zusammenhang, auf seinen Gebrauch verwandter Wörter und Wortstämme in ganzen Massen sich auf einander beziehender Schriften: wie will der Uebersezer sich hier glükklich durchfinden, da das System der Begriffe und ihrer Zeichen in seiner Sprache ein ganz anderes ist, als in der Ursprache, und die Wortstämme, anstatt sich gleichlaufend zu dekken, vielmehr einander in den wunderlichsten Richtungen durchschneiden.

⟨9⟩ Nikolaj Sergejevič Trubeckoj: »Der Turm von Babel und die Sprachverwirrung« (1924, aus dem Russischen übersetzt von Jonathan Schmidt-Dominé und Elisa Purschke, unter Berücksichtigung der von Barbara Cassin angeführten französischen Übersetzung)

Die Arbeit als solche ist immer ein Leid [страдание, souffrance] und das Gesetz von der Notwendigkeit der Arbeit bleibt der ewige Fluch, die Strafe, die Gott über den Menschen nach dem Sündenfall verhängt hat. Im Gegenzug ist das Gesetz der Dialektaufspaltung und der unvermeidlichen Vielheit der nationalen Kulturen als solches nicht mit Leid verbunden. Es stellt ein Hindernis für die Verwirklichung vieler menschlicher Absichten und Ideale dar, provoziert oft Kriege, Hass gegen andere Nationen, die Unterdrückung bestimmter Nationen durch andere, doch als solches, in seiner reinen Form ist es nicht mit Leid verbunden. Und dieser Unterschied zwischen dem Gesetz der Aufspaltung und Vielheit der nationalen Kulturen und dem der Notwendigkeit physischer Arbeit hängt damit zusammen, dass während letzteres einfach eine der Menschheit auferlegte Strafe für ihren ersten Sündenfall ist, ersteres der Bibel zufolge nicht so sehr eine Strafe als vielmehr eine Antwort Gottes auf den Turmbau zu Babel ist, eine göttliche Einrichtung mit dem Ziel, in Zukunft ähnliche Versuche wie den Bau des Turms von Babel zu verhüten.

[...]

Darin besteht die hauptsächliche und grundlegende Sünde der gegenwärtigen europäischen Zivilisation. Sie strebt danach, auf der gesamten Welt alle Unterschiede zwischen individuellen Nationalkulturen zu nivellieren und abzuschaffen, überall einheitliche Lebensformen, einheitliche Formen der gesellschaftlich-staatlichen Strukturen und dieselben Begriffe einzuführen. Sie unterminiert und zerbricht die eigentümlich-originellen [своеобразный, original] geistigen Grundlagen des Lebens und der Kultur jeder einzelnen Nation; sie ersetzt sie nicht durch andere geistige Grundlagen und kann dies auch nicht, sondern pfropft bloß äußerliche, fremde Lebensformen auf, welche lediglich auf materiell-utilitären oder rationalistischen Grundlagen beruhen. Dank dieses Prozesses richtet die europäische Zivilisation unerhörte Verwüstungen in den Seelen [дух (Geist), âme] der europäisierten Nationen an, lässt sie in Bezug auf die geistige Schöpfung unfruchtbar werden und in Bezug auf die Moral gleichgültig oder barbarisch [одичавший (verwildert), barbare]. Zugleich folgen dieser Zivilisation auf dem Fuß zwei treue Wegbegleiter: ein maßloses Erwachen der Habsucht nach irdischen Gütern und sündiger Stolz. Sie steuert mit unausweichlicher Konsequenz auf einen neuen Turmbau zu Babel zu. Seitdem die romano-germanische Kultur danach zu streben begann, eine universelle Zivilisation zu werden, gewannen die materielle Technik, die rein rationalistische Wissenschaft und die egoistische, utilitäre Weltanschauung ein entscheidendes Übergewicht über den gesamten Rest, und dieses Verhältnis der Elemente der Kultur bekräftigt sich in der gegenwärtigen Zeit nur immer weiter. Aber es kann gar nicht anders sein: Ein Japaner und ein Deutscher können sich einzig über Logik, Technik und materielle Interessen verstehen, und deshalb müssen alle übrigen Elemente und Triebfedern der Kultur nach und nach verkümmern. Es wäre dennoch verfehlt zu denken, dass infolge dieser Nivellierung der Kulturen, bewirkt durch die Beseitigung ihrer geistigen Seite, die Scheidewände abgeschafft und die Kommunikation zwischen den Menschen vereinfacht würde. Die »Brüderlichkeit der Nationen«, erkauft um den Preis geistiger Depersonalisierung aller Nationen, ist ein abscheulicher Schwindel. Brüderlichkeit gibt es nicht und wird zur Chimäre, wenn egoistische materielle Interessen an der Spitze stehen, wenn die Technik selbst das Motiv der internationalen Konkurrenz und des Militarismus mit sich bringt, wenn gerade die Idee der internationalen Zivilisation die Pläne für Imperialismus und Weltherrschaft entstehen lässt. Die Abschaffung der geistigen Seite der Kultur oder ihre Zurückstellung auf einen untergeordneten

Platz führt zur moralischen Barbarei [одичания (Verwilderung), barbarie] der Menschen und zur Entwicklung privater Egoismen; was die Kommunikationsschwierigkeiten zwischen den Menschen nicht nur nicht beseitigt, sondern diese im Gegenteil noch vergrößert und die Feindschaft zwischen unterschiedlichen sozialen Gruppen noch vertieft, sogar innerhalb einer und derselben Nation. All das sind die unausweichlichen Folgen des Strebens nach einer internationalen, universellen Zivilisation; und sie zeigen deutlich, dass jenes Streben widergöttlich und sündhaft ist.

⟨10⟩ Martin Heidegger: *Vom Wesen der menschlichen Freiheit. Einleitung in die Philosophie* (Sommersemester 1930), in: *Heidegger Gesamtausgabe*, Band 31, hg. v. Hartmut Tietjen, Frankfurt a.M. 1982, S. 50.

οὐσία τοῦ ὄντος heißt in der entsprechenden deutschen Übersetzung: Seiendheit des Seienden; wir sagen: Sein des Seienden. ›Seiendheit‹ ist eine sehr harte und ungewohnte, weil *künstliche* sprachliche Prägung, die erst in der philosophischen Besinnung erwächst. Doch was von der deutschen sprachlichen Prägung ›Seiendheit‹ gilt, das dürfen wir nicht von der entsprechenden griechischen sagen. Denn οὐσία ist kein künstlicher, erst in der Philosophie geprägter Fachausdruck, sondern gehört zur alltäglichen Rede und Sprache der Griechen. Die Philosophie hat das Wort lediglich aus der vorphilosophischen Sprache aufgenommen. Wenn das so gleichsam von selbst und ohne Befremden geschehen konnte, dann müssen wir daraus entnehmen, daß schon die *vorphilosophische* Sprache der Griechen *philosophisch* war.

⟨11⟩ Martin Heidegger, *Hölderlins Hymne »Der Ister«* (Sommersemester 1942), in: *Heidegger Gesamtausgabe*, Band 53, hg. v. Walter Biemel, Frankfurt a.M. 1984, S. 80–81.

Wenn zur Geschichtlichkeit wesentlich das Heimischwerden gehört, dann kann auch ein geschichtliches Volk niemals von selbst und unmittelbar in der eigenen Sprache das Genügen seines Wesens finden. Ein geschichtliches Volk ist nur aus der Zwiesprache seiner Sprache mit fremden Sprachen. Vermutlich lernen wir deshalb auch heute noch Fremdsprachen. Wir sowohl wie die

Japaner lernen die englisch-amerikanische Sprache. Dies hat seine eigene technisch-praktische Notwendigkeit, die niemand anzweifelt, der bei Verstand ist. Die Frage bleibt nur, ob wir außer der Nützlichkeit solcher Sprachkenntnisse auch ihre wesentliche Gefahr kennen. Sie liegt darin, daß wir nun überhaupt jeden Bezug zur fremden Sprache einzig aus dem geläufigen technischen Verhältnis zu den geläufigen Fremdsprachen beurteilen. Tun wir das, dann gilt uns z. B. das Übersetzen für nichts anderes als eine technische Vorkehrung. Das »Übersetzen« ist eine Art »Umleitung« des sprachlichen Verkehrs. Wir ahnen kaum noch etwas davon, daß das Übersetzen eine Zwiesprache sein kann, gesetzt nämlich, daß die zu übersetzende Sprache noch die Art einer wesenhaften Sprache hat. »Übersetzen« ist gar nicht so sehr ein »*Über*-setzen« und Hinübergehen in die fremde Sprache mit Hilfe der eigenen. Das Übersetzen ist vielmehr eine Erweckung, Klärung, Entfaltung der eigenen Sprache durch die Hilfe der Auseinandersetzung mit der fremden. Technisch gerechnet ist das Übersetzen das Ersetzen der fremden Sprache durch die eigene oder umgekehrt. Aus der geschichtlichen Besinnung gedacht ist das Übersetzen die Auseinandersetzung mit der fremden Sprache umwillen der Aneignung der eigenen. Dann ist es freilich nicht gleichgültig, ob man überhaupt keine Fremdsprachen mehr lernt oder ob man z. B. nur Englisch-Amerikanisch zu technisch-praktischen Verkehrszwecken lernt oder ob wir (allerdings nicht bloß zum Beispiel) in den Sprachgeist der griechischen Sprache den Eingang suchen.

⟨12⟩ Jacques Lacan: »L'Étourdit«, in: *Scilicet*, 4, Paris 1973, S. 5–52, hier S. 47–48, wieder veröffentlicht in ders., *Autres écrits*, Paris 2001, S. 449–495, hier S. 490–491 (übersetzt von Max Kleiner, https://lacan-entziffern.de/letourdit/jacques-lacan-letourdit-teil-i-uebersetzt-von-max-kleiner/ [12.03.2023]).

Dieses Sagen [des Analytikers, BC] verfährt nur aus der Tatsache heraus, dass das Unbewusste, da es »strukturiert« ist »*wie eine* Sprache«, das heißt Lalangue, die es bewohnt, der Äquivokation unterworfen ist, durch die sich eine jede unterscheidet. Eine Sprache unter anderen ist nicht mehr als die Gesamtheit der Äquivokationen, die ihre Geschichte dort hat überdauern lassen. Das ist die Ader, die das Reale, das einzige für den analytischen Diskurs, das seinen Ausgang begründet, das Reale, dass es kein Geschlechtsverhältnis gibt, im Laufe der Zeiten dort abgelagert hat. Dies in der Art, dass dieses Reale in das

Eine einführt, nämlich das Einzige des Körpers, der daraus Organ nimmt und deshalb da Organe macht, die in einer Trennung gevierteilt werden, wodurch gewiss andere Reale in seine Reichweite kommen, aber nicht ohne dass sich der vierfache Weg dieser Zugänge damit verunendlicht, insofern daraus die »reelle Zahl« hervorgeht.

Die Sprache also, insofern hier diese Art ihren Platz hat, ist da wirksam von nichts anderem her als der Struktur, aus der sich diese Inzidenz des Realen begründet.

Alles, was davon erseint als ein Anschein von Kommunikation, ist stets Traum, Lapsus oder Joke.

Nichts zu machen also mit dem, was imaginiert und in vielen Punkten bestätigt wird hinsichtlich einer Sprache der Tiere.

Das Reale da ist nicht wegzuräumen, das einer univoken Kommunikation, über die uns gleichermaßen die Tiere, indem sie uns das Modell dafür liefern, zu ihren Dauphins machten: dabei wird eine Codefunktion ausgeübt, durch die sich die Negentropie von Beobachtungsresultaten herstellt. Mehr noch, organisieren sich dabei vitale Verhaltensweisen aus Symbolen, die in allem mit den unseren vergleichbar sind (Erhebung eines Objekts in den Rang eines Signifikanten des Herrn in der Flugordnung der Zugvögel, Symbolismus der Parade sowohl bei der Liebeswerbung wie auch beim Kampf, Arbeitssignale, Markierungen des Territoriums), abgesehen davon, dass diese Symbole niemals äquivok sind.

Diese Äquivokationen, mit denen sich das Daneben einer Äußerung einschreibt, lassen sich mittels dreier Knotenpunkte zusammenfassen, wobei man nicht nur das Auftreten des (weiter oben als unerlässlich beurteilten) Ungeraden bemerken wird, sondern auch, da sich keiner als der erste aufzwingt, dass die Reihenfolge, in der wir sie vorstellen werden, beibehalten wird, und zwar in einer doppelten Schleife statt einer einzigen Umdrehung.

Ich beginne mit der Homophonie – von der die Orthographie abhängt. Dass in der Sprache, welche die meine ist, womit ich weiter oben ja schon gespielt habe, *zwei* [deux] äquivok ist mit *aus ihnen* [d'eux], bewahrt die Spur jenes Spiels der Seele, durch welches aus ihnen zwei-zusammen zu machen seine Grenze darin findet, »zwei zu machen« aus ihnen [« faire deux » d'eux].

Man findet andere davon in diesem Text, vom *Erseinen* [parêtre] bis zum *S'ch einenden* [s'emblant].

Ich behaupte, dass hier alle Schläge erlaubt sind, aus dem Grunde, dass, wer auch immer in ihrer Reichweite ist, ohne sich darin wiedererkennen zu können, sie es sind, die uns mitspielen. Außer wenn die Dichter ein Kalkül daraus machen oder der Psychoanalytiker sich ihrer bedient da, wo es passt.

⟨13⟩ Henri Meschonnic: »L'Atelier de Babel«, in: Antoine Berman, Gérard Granel, Annick Jaulin (Hg.), *Les tours de Babel. Essais sur la traduction*, Mauvezin 1985, S. 24–25 und 26–27 (übersetzt von Jonathan Schmidt-Dominé).

[...] und verbabeln wir dort – wenavela scham [מש הלבנו, Vers 7], Vorbereitung für den Kalauer in Vers 9, *navla*, Form des Verbs *balal,* »mischen, vermischen, verwirren«. Der onomatopoetische Wert ergibt sich aus der Wiederholung desselben Konsonanten. Variante des Verbs *bilbel*, »verwirren, durcheinander bringen«; *bilbul,* »Verwirrung, Unordnung«; »durcheinander geraten«, *hitbalbel.* Auf Arabisch heißt »Verwirrung« *balbala* – und die »Nachtigall« oder auch irgendein Singvogel heißen *bulbul.* Vergleiche auf Französisch *balbutier* und auf Deutsch *babbeln.* Der Effekt ist nicht so weit weg von dem des griechischen βάρβαρος, welches ein unverständliches Gurgeln anklingen ließ – die Sprache der anderen, die man nicht versteht. Mit Blick auf die Motiviertheit der Wortbildung, die wichtiger ist als ein »Sinn«, der selbst nur Produkt dieser Motiviertheit ist, habe ich statt »verwirren« zu sagen es lieber mit dem Wort *verbabeln* probiert – abgeleitet von Babel, denn für uns ist wie schon im Hebräischen *Babel* selbst die Verwirrung. Genauer noch steht es im Text gleichzeitig für Ruine und Verwirrung. Ein Gespensterwort für das Gespenst der Verwirrung.
Die Septuaginta setzt an dieser Stelle für »verwirren« das Verb συγχέωμεν ein sowie γλῶσσα, das Wort, das die Zunge oder Sprache bezeichnet, auch wenn sie in Vers 6 noch wie in Vers 1 das Wort χεῖλος, »Lippe«, gewählt hatte, während sie beim zweiten Vorkommen des Wortes in Vers 7 aber φωνή, »Stimme«, wählt. Eine Verwirrung der buchstäblichen Konkordanz von Vers 1. Hieronymus überträgt dies auf *linguam, vocem* und *labium.* In den Übersetzungen verwirklicht sich die Spaltung des Zeichens, sie lassen die »Form« weg und bewahren den »Sinn«: »confondons leur langage« (Rabbinat, Segond, Jerusalem-Bibel, Dhorme) oder »brouillons ici leur langue« (*Traduction œcuménique de la Bible*). Fleg bewahrt die *Lippen*, aber diesmal im Plural: »embrouillons ici leurs lèvres«, gefolgt von Chouraqui: »Confondons là leurs lèvres«. Hier verfälscht der Plural die Bedeutung und die Metapher, um eine Pseudobuchstäblichkeit zu erzeugen.
[...] *Babel // denn dort / verbabelte Adonai – bavel // kischam / balal adonai* [ב הוהי ללב מש־יכ לב]. Der gesamte Text nimmt seinen Ausgang von dieser Etymologie, um vorzutäuschen, bei dieser kreisförmig am Ende anzukommen. Es handelt sich nicht um eine »herbeifantasierte« Etymologie, wie es Dhorme in einer Anmerkung schreibt. Es ist vielmehr willentlicher Spott. Den materiel-

len Beweis für die Verwirrung-Bestrafung liefert die Ruine des Turms. Der Kalauer liefert den Beweis in der Sprache. Die Wahrheit des Doppelsinns zeigt sich als ein einziger Sinn. Der Kalauer wird zugleich verborgen und hervorgehoben, indem er mit dem Übergang von einer Sprache in die andere spielt. Der assyrische Name lautete *bâb-il,* »Pforte Gottes«, und später dann *bâb-ilâni,* »Pforte der Götter«. So die geläufige Deutung. Manche haben die Ableitung *bâb-Bel,* »Pforte des Bel« vorgeschlagen. Im Hebräischen gibt es ein solches Wort für die »Pforte« nicht, die Tür heißt *délet* [דלת] oder *shá'ar* [שׁער], während es im Aramäischen *bava* und im Arabischen *bāb* gibt.
In diesem mehr aus Signifikanz denn aus »Sinn« gemachten Text zählt jeder Zug von Motivierung. Die Ausblendungen des Kalauers sind bedeutsam, genauso wie die etymologischen Irrwege. Und der Diskurs der Übersetzeranmerkungen ebenso wie der der Übersetzung.
Gern wird Zuflucht dahin genommen, das Wortspiel aus dem Text zu verbannen und in Anmerkungen zu erklären. Die Übersetzung des Rabbinats lautet: »C'est pourquoi on la nomma Babel, parce que là le Seigneur confondit le langage de tous les hommes; et de là l'Éternel les dispersa sur toute la face de la terre.« *Seigneur, Éternel* für das zweimalige Tetragrammaton; *les hommes, la terre* für dasselbe Wort und dann eine Anmerkung zu *confondit*: »Sinn des Wortes *balal*, woher der Name *Babel* zu stammen scheint.« Dieses »scheint« zerstört das Wortspiel, denn hinter der scheinbaren Gründlichkeit steckt hier der Glaube, dass dies wirklich der Ursprung des Namens wäre und so wird die (satirische) Arbeit der Sprache komplett verkannt. Bei Segond ganz genauso. Ebenso in der Jerusalemer Bibel. Doch deren Anmerkung zeigt, wenn sie von oben herab einen Fehler berichtigen will, nur eine Ignoranz gegenüber dem Text: »Babel wird erklärt durch die Wurzel *b l l* ›verwirren‹. Der Name Babylons bedeutet in Wirklichkeit ›Pforte des Gottes‹.« Anmerkung bei Dhorme, der wie die anderen übersetzt: »Eine herbeifantasierte Etymologie knüpft hier den Namen Babel ans hebräische Verb *balal* ›er verwirrt, vermengt‹.« Man sieht, wie zögerlich der Diskurs der Anmerkungen damit ist, das Konzept des Wortspiels zuzulassen. In der *Traduction œcuménique de la Bible* kommt es vor, die übersetzt: »Aussi lui donna-t-on le nom de Babel, car c'est là que le Seigneur brouilla la langue de toute la terre.« Sie merkt an: »Im Hebräischen besteht ein Wortspiel zwischen dem Namen Babel (Babylon) und dem mit *brouilla* [vermengte] übersetzten Wort.« Es gab einen Widerstand. Doch in den Text hat es das Wortspiel nicht geschafft. Fleg fügte eine Glosse ein: »Sur quoi on prononça son nom Babel, *embrouillement*, car, là, le Seigneur embrouilla la lèvre de toute la terre.« Chouraqui hat dies nachgemacht: »Sur quoi il clame son nom: *Bavel,* Confusion, car là, YHWH confond la

lèvre de toute la terre.« Ein Irrweg für *Bavel,* ein phonetischer Abklatsch, der in der Zielsprache den Speichel, *bave* anklingen lässt. Hieronymus hat als erstes das Wortspiel weggelassen: »Et idcirco vocatum est nomen ejus Babel / quia ibi confusum est labium universae terrae.« Der Targum [Onkelos] hat, wenn man das sagen kann, das Wortspiel verstärkt: *bavel* [לבב] – *bilbal* [לבלב]. André Neher ersetzt die Sprache durch Metasprache. Er übersetzt: »Car la raison pour laquelle on lui donna le nom de Babel, car c'est littéralement là que Dieu pétrit la pâte de la langue de l'humanité entière.« Und er merkt an: »Das Adverb ›littéralement‹ erlaubt dem Leser zu verstehen, dass die Bibel ein Wortspiel macht, ein *Buchstaben*spiel.« Einzig die Septuaginta hat das Spiel anders aufgelöst – sie hat den Namen durch seinen Sinn ersetzt und ihr gelingt dies, aber als Wahrheit in ihrer einzigen Sprache: »διά τοῦτο ἐκλήθη τό ὄνομα αὐτῆς Σύγχυσις, ὅτι ἐκεῖ συνέχεε Κύριος τά χείλη πάσης τῆς γῆς – deshalb wurde ihr Name Verwirrung geheißen, denn der Herr hat die Lippen aller Welt verworren.«

⟨14⟩ Antoine Berman: »La traduction et la lettre ou l'auberge du lointain«, in: Antoine Berman, Gérard Granel, Annick Jaulin (Hg.), *Les tours de Babel. Essais sur la traduction*, Mauvezin 1985, S. 59–60 (übersetzt von Jonathan Schmidt-Dominé).

Sobald man den Akt des Übersetzens als Sinnerfassung festsetzt, stellt sich etwas ein, das die Evidenz und Legitimität dieser Operation bestreitet: die hartnäckige Anheftung des Sinns an den Buchstaben. Daran haben sich Übersetzer, Autoren und Leser immer gerieben. Jener einnehmenden und erhebenden Operation, jenem Beweis der Einheit der Sprachen und des Geistes haftet der gefühlte Makel von Gewalt, Ungenügen, Verrat an. George Steiner spricht mit gutem Recht von der Traurigkeit, die den Akt des Übersetzens schon immer begleitet. Mehr noch, es gibt in dieser Erfahrung ein *Leiden*. Nicht allein das des Übersetzers. Auch das des übersetzten Textes. Das des seines Buchstaben beraubten Sinns. Die Übersetzung vergreift sich an ihrer intimen Verbindung. Jacques Derrida hat das überragend zum Ausdruck gebracht: »Ein Wortkörper läßt sich aber nicht in eine andere Sprachen übersetzen oder übertragen. Es ist genau das, was eine Übersetzung fallen läßt. Den Körper fallen zu lassen, darin besteht eben die wesentliche Energie der Übersetzung...«[36]

---

36 Derrida, »Freud und der Schauplatz der Schrift«, S. 321–322, Übersetzung angepasst.

Doch das Verleugnete – der Körper – rächt sich. Die Übersetzung entdeckt zu ihrem Leidwesen, dass Buchstabe und Sinn zugleich trennbar und untrennbar sind. Und zwar ganz gleich, ob ihre Trennung philosophisch oder theologisch gerechtfertigt ist, denn in der Übersetzung erscheint etwas, das nicht auf die platonische Spaltung reduzierbar ist. Mehr noch: *Die Übersetzung ist einer der Orte, an denen der Platonismus gleichzeitig bewiesen und widerlegt wird.* Doch fern davon, den Platonismus zu erschüttern, fällt dessen Widerlegung mit all ihrem Gewicht auf die Übersetzung zurück. Wenn Buchstabe und Sinn aneinander gebunden sind, ist die Übersetzung Verrat und Unmöglichkeit.
[...]
Historisch betrifft der »präjudizielle Einwand« gegen die Übersetzung vor allem die Dichtung. Eine lange Tradition – von Dante bis Du Bellay und Montaigne, von Voltaire und Diderot bis Rilke, Jakobson und Bense – behauptet, Dichtung sei unübersetzbar, weil sie ein »ausgedehntes Zögern zwischen Klang und Sinn« (Valéry) ist. Dass Dichtung »unübersetzbar« ist, bedeutet zweierlei: dass sie nicht übersetzt werden *kann* aufgrund des unendlichen Verhältnisses, das sie zwischen »Klang« und »Sinn« einsetzt, und dass sie nicht übersetzt werden *darf*, weil ihre Unübersetzbarkeit (wie ihre Unberührbarkeit) ihre Wahrheit und ihren Wert ausmacht. Von einem Gedicht zu sagen, dass es unübersetzbar ist, heißt im Grunde zu sagen, dass es ein »wahres« Gedicht ist.
In der Tat wird auf allen Gebieten der Schrift die Unübersetzbarkeit tendenziell als ein Wert erlebt. Gewiss, man verherrlicht auch die Übersetzbarkeit als Zeichen hoher Rationalität. Jedes Schriftstück neigt jedoch dazu, in sich ein Teil von Unübersetzbarem zu bewahren: stark überhöht im Fall der Dichtung, vermindert, aber doch vorhanden im technischen oder rechtlichen Text. Die Unübersetzbarkeit ist eine Weise der *Selbstaffirmation* eines Textes. Einer solchen Tendenz gegenüber ist der Rationalismus der Kommunikation fast machtlos. Übersetzen ist verdächtig, denn es missachtet einen wesentlichen Wert des Textes. Wenn der Text in sich den Buchstaben und den Sinn unauflöslich verbinden *will*, so kann die Übersetzung nur ein Verrat sein, selbst wenn dieser Verrat notwendig für die Existenz des Austauschs und der Kommunikation ist. Um es wie die Griechen oder mittelalterlich auszudrücken: Die Übersetzung ist ebenso notwendig wie der Handel oder die Geldgeschäfte, doch in jedem Fall handelt es sich um lasterhafte und wertlose Tätigkeiten. Der »Schmuggel« mit dem Sinn, dem sich die Übersetzung verschreibt, ist eine anrüchige, lügenhafte und wenig natürliche Operation. Gerade das bringen ebenso die *Metaphern* der Übersetzung durch die ganze abendländische

Geschichte hinweg zum Ausdruck wie die Tatsache, dass es nicht gelingt, die Übersetzung anders als über Metaphern zu »definieren«.

⟨15⟩ Jean-Pierre Lefebvre, »Philologie et philosophie: les traductions des philosophes allemands«, in: *Encyclopædia Universalis*, Symposium. Les Enjeux 1, 1990, S. 170 und 172 (übersetzt von Jonathan Schmidt-Dominé).

Die deutsche Philosophie besitzt [...], mehr als andere, das historische Merkmal, ursprünglich aus der Übersetzung entstanden zu sein. Ohne die Deutung jener Philosophiegeschichte, die auf diese These gegründet wurde, ganz und gar zu übernehmen, lässt sich erwägen, dass die deutsche Philosophie als solche zweimal in der Übersetzung geboren wurde: ein erstes Mal in Luthers Bibelübersetzung, begleitet von einer ganzen Reihe deutschsprachiger Schriften, welche in der Sprache die erste nachhaltige Distanznahme vom lateinischen theologischen Diskurs markieren; und ein zweites Mal zur Zeit Wolffs, als sich in deutscher Sprache die »populäre« Systematisierung des Denkens von Leibniz herausbildet, der seinerseits hauptsächlich auf Latein und Französisch geschrieben hatte. Diese zwei »Übergänge zum Deutschen« waren mitnichten die ersten, auch nicht im Gebiet der Philosophie. Sie verdanken ihren entscheidenden Einfluss jedoch ihrem Umfang und der Tatsache, dass sie von einer tiefgreifenden Bewegung der zeitgenössischen Volkskultur getragen waren, die zur Bildung der modernen deutschen Nation beitrug.
Die endgültige Germanisierung der deutschen Philosophie vollzog sich dann mit Kant, der seine vorkritischen Schriften teilweise auf Latein geschrieben hatte. Er war es, der das philosophische Deutsch und damit die moderne Philosophiesprache schuf – zu einer Zeit, als Rivarol im Hamburger Exil noch dachte, die Wissenschaftssprache Französisch müsse noch jahrhundertelang – bis in die Aussprache hinein – erhalten bleiben. Dennoch tritt die Übersetzung als reales Problem, als Schwierigkeit erst mit Fichte so recht in Erscheinung. Das philosophische Deutsch Kants ließ sich ohne allzu viele Schwierigkeiten und im Allgemeinen ohne Probleme ins Französische übersetzen. Bei Kant tritt die Schwierigkeit erstmals auf, doch oft genug schlägt er etwaigen französischen Übersetzern bereits den terminologischen Problemen angemessene Lösungen vor, indem er zu seinen deutschen Begriffen lateinische Äquivalente angibt. Und in der Tat sind die Kant-Übersetzungen, derer wir uns heute

bedienen, einschließlich der alten Übersetzungen, zufriedenstellender als die vorhandenen Übersetzungen von Fichte, Schelling, Hegel oder Nietzsche.
Parallel zu einer kulturellen Bewegung, in der Dichtung und Politik eine große Rolle spielen, beginnt mit Fichte ein deutsches Denken, das sich gezielt seiner Ausdrucksweise annimmt und zwar im Hinblick auf seine ganz eigentümlichen, originellen und irreduziblen Züge. In letzter Konsequenz wird die Unübersetzbarkeit zum Kriterium des Wahren, und dieser ontologische Nationalismus – verstärkt noch durch die bewundernde Ungläubigkeit, die er in Frankreich mehr als überall sonst auslöst – gipfelt in Heidegger, der nichtsdestoweniger einer der größten Philosophen seines Jahrhunderts bleibt. [...]
Man befindet sich hier in einem bodenlosen Ozean von Ausdrücken, die sich der Übersetzung im Allgemeinen widersetzen und zwar besonders im Französischen, das nur über sehr geringe Möglichkeiten der Kompositabildung und der Derivation neuer Wörter aus semantischen Stämmen verfügt, wobei es eine vergleichsweise junge Tendenz gibt, sich von dieser Beschränkung frei zu machen. Dieser Ozean ist umso unergründlicher, als die Philosophie fortwährend den Sinn von Texten, Kontexten, Ausdrücken und Bedeutungen selbst neu schöpft und innerhalb der eigenen Sprache die verwendeten Ausdrücke weiter übersetzt und selbst Verfahren anwendet, wie sie auch Übersetzer nutzen, um sich bei Schwierigkeiten aus der Affäre zu ziehen: lange Umschreibungen und die Einfügung in neue, größere Kontexte. Wir haben schon erwähnt, dass diese Übersetzungsschwierigkeit sich hauptsächlich seit Anfang des 19. Jahrhunderts zeigt, als die deutsche Philosophie in ihrer Sprache auf sich selbst zurückkommt. Diese Rückkehr wird begleitet von unzähligen terminologischen Präzisierungen: Zu jener Zeit leiden die deutschen Begriffe in der Tat an der relativen Jugendlichkeit ihrer Theoretisierung und der Einengung durch die geläufigen volkssprachlichen Bedeutungen, die zugleich ihren Reichtum und ihre Besonderheit ausmachen.
Der Unterschied, der das Deutsche von den romanischen Sprachen, vor allem dem Französischen und Lateinischen, abhebt, wird mit Hegel selbst zu einem regelrechten Paradigma der Philosophie als solcher. In gewisser Weise kehrt bei Hegel der Geist in den deutschen Begriff ein, wird in ihm konkret, wahr etc. Umgekehrt bekommt die gesamte Terminologie lateinischen Ursprungs, die sich allmählich in Gestalt von *Fremdwörtern** (ins Deutsche importierte lateinische Wörter) verbreitet hatte, eine bestimmte Position in der allgemeinen philosophischen Topik zugewiesen: Sie drückt das Moment abstrakter Allgemeinheit *(universalité)* aus, der Kultur, der Aufklärung, der Abstraktion. Wenn Hegel diese Dimension diskreditieren will, beispielsweise bei Kant, so fasst er dessen Philosophie durch den französischen Ausdruck »Räsonne-

ment«, womit er die notwendige, jedoch bereits überstiegene Stufe des abstrakten Verstandes bezeichnet. In gleicher Weise heißt in der Rechtsphilosophie das Moment der Subjektivität, im Gegensatz zum Moment der Wirksamkeit des objektiven Geistes *(Sittlichkeit)*, *Moralität*. Bei der Suche nach Äquivalenten in anderen Sprachen, um den Studenten die Bedeutung von *Sittlichkeit* zu verstehen zu geben, verweist Hegel in seinen mündlichen Kommentaren und Randnotizen auf den griechischen *ethos* oder *Ethik*, niemals jedoch auf einen lateinischstämmigen Ausdruck. Man kann letztlich sagen, dass der dritte Teil der großen hegelianischen Entwicklungen *per definitionem* nicht ins Französische übersetzbar ist, während der zweite spontaner ihren französischen Ausdruck findet.

Dieses Bestreben, die Latinität zu übersteigen und sie in der Ausdrucksweise des Zeitgeistes zu unterdrücken, ein Bestreben, das auf Fichte zurückgeht und das er unters Volk brachte (insbesondere in den *Reden an die deutsche Nation*), hat sich in einigen besonders repräsentativen Begriffen niedergeschlagen, welche sich mit beispielloser Häufigkeit erhalten haben. Die Ausdrücke *Moral, Moralität, moralisch* etc. – um uns ans oben aufgerufene Beispiel zu halten – haben mit aktivem, aber diskretem Einsatz der in Deutschland unternommenen christlich-religiösen Arbeit wieder die Oberhand gewonnen über den germano-laizistischen Begriff, der sich rund um *sittlich* ausgeprägt hat. Es stimmt, die »Teutomanie« hat im Bereich der Sprache allgemein eine Reihe historischer Rückschläge erfahren – parallel zu den Niederlagen der Militärs und anderer Reichsgründer; die gesamte politisch-administrative oder wissenschaftliche Terminologie, die durch sprachpolitische Bestrebungen künstlicher Germanisierung erzwungen wurde, ist gescheitert: Die lateinischen Wortstämme haben, ausgehend vom Französischen und vom Englischen, weite Gebiete des gemeinen Wortschatzes zurückerobert. Die Philosophie ist dieser Tendenz im Namen jenes Prinzips gefolgt, welches die Rückkehr zu germanischen Begriffen gerechtfertigt hatte: dem Prinzip des Lebens.

Die Energie der Unübersetzbaren

Die Übersetzung als Paradigma der Geisteswissenschaften

Übersetzt von Ingo Ebener

»Sie selbst ist kein Werk (*ergon*), sondern eine Tätigkeit (*energeia*).«

(Wilhelm von Humboldt, *Über die Kawi-Sprache auf der Insel Java*)

Das *Dictionnaire des Intraduisibles* ist zehn Jahre alt. In einer kaum absehbaren oder zumindest nicht vorhersehbaren Weise ist es in Frankreich zum Bucherfolg geworden, der sich vermutlich noch vergrößern wird, wenn sich der Verlag dazu entschließt, eine Taschenbuchausgabe aufzulegen, was dem Werkzeugcharakter dieses Wörterbuchs gerecht werden würde.[1] Mich freut ganz besonders, dass mir meine anfängliche Intention, die dem Projekt zugrunde liegt, entglitten ist. Denn dieses Wörterbuch ist zunächst einmal diesem Europa ähnlich, das wir vor zehn Jahren lautstark gefordert haben: eine Geste, eine *energeia*, eine Energie, die wie die Sprache und die Sprachen kein *ergon*, kein in sich abgeschlossenes Werk, ist (→ Supplement 3 »*ergon* und *energeia*«).

In den Jahren 1990–1995 konnte ich das Verlagshaus Seuil für dieses Projekt gewinnen, indem ich es als »den *Lalande* des Jahres 2000« ankündigte, was auch philosophisch ein Jahrhundertwechsel war.[2] Wir haben versucht, uns von *Ido* – dem von Couturat, Heraus-

1 Anm. d. Übers.: Die erste Ausgabe des von Barbara Cassin hg. *Vocabulaire européen des philosophies. Dictionnaire des intraduisibles* erschien 2004 im Pariser Verlag Le Robert, im Jahre 2019 erschien die Taschenbuchausgabe des Wörterbuchs im selben Verlag.

2 Anm. d. Übers.: Gemeint ist: André Lalandes *Vocabulaire technique et critique de la philosophie* (1902–1923).

geber von Leibniz und Überarbeiter von Lalande, als internationaler Hilfssprache ersonnenen philosophischen Esperanto –, abzusetzen. Letzterer meinte, einen normativen Zustand der philosophischen Disziplin bestimmen zu können, der an eine robuste, mehr oder weniger lineare Geschichte der großen Konzepte dieser, »unserer« Tradition gebunden war. Diese Tradition hat es, unter der Ägide und dem strengen Auge der *Société française de philosophie* auf das Universelle der Wahrheit innerhalb der ›Anarchie der Sprachen‹ abgesehen.

Bei der kollektiven Arbeit (wir waren 150 Weggefährten und Freunde, über einen Zeitraum von mehr als zehn Jahren hinweg) am *Dictionnaire des intraduisibles* ging es hingegen um eine andere Art von Freiheit und philosophischer Praxis, die sowohl globaler als auch vielfältiger ist. Sie ist vor allem gebunden an Worte – Worte in Sprachen. Nach Babel, zum Glück. Es gilt zu verstehen und verständlich zu machen, dass wir in Sprachen philosophieren: wie man spricht, wie man schreibt und – das ist hier entscheidend – wie man denkt. Falls es Universelles gibt (ich bin mir nicht mehr so sicher, ob das Wort passt), ist es nicht »umfassend«, sondern »lateral«, und es nennt sich: Übersetzung.[3] Trotzdem ist das *Vocabulaire européen des philosophies* (das ist der Titel, dessen Untertitel *Dictionnaire des intraduisibles* lautet), das auf französisch abgefasst ist, sehr französisch und sehr europäisch (das würde wohl niemand abstreiten), ja sogar überaus. Man darf aber nicht bei der Feststellung stehen bleiben, was es ist; vielmehr ist es notwendig, zu verstehen, was es in die Wege leitet. Darin liegt der beständige Anspruch des Wörterbuchs: Es ist immer wieder als Skandierung, als Unterbrechung, als Momentaufnahme zu nehmen, um mehr sichtbar zu machen als den gerade aufgenommenen Moment. Inzwischen ist das französische Wörterbuch durch die Rezeption zu einem unter anderen geworden, so wie auch das Fran-

3 Souleymane Bachir Diagne hat dies entwickelt, indem er den Begriff des »lateralen Universalismus« von Maurice Merleau-Ponty entlehnte: Siehe letzterorts »L'universel latéral comme traduction«, in: Philippe Büttgen, Michèle Gendreau-Massaloux u. Xavier North (Hg.), *Les Pluriels de Barbara Cassin. Le partage des équivoques*, Paris 2014.

zösische »eine Sprache, unter anderen« (*une langue, entre autres*) ist. Die Geste des Wörterbuchs entpuppt sich also als eine verdoppelte beziehungsweise potenzierte.

Indem ich »eine Sprache, unter anderen« sage, verweise ich nicht mehr nur, wie im Vorwort des *Vocabulaire*,[4] auf das Deutschland des 19. Jahrhunderts und auf die Weise, wie jede Sprache ein Weltbild entwirft, sondern auf Jacques Lacan und auf Jacques Derrida, die ich damals nicht zitierte und die ich jetzt zur Sprache bringen möchte. Dass eine Sprache »unter anderen« sei, hat zur Bedingung, dass es »mehr als eine Sprache« gibt. Weit von einem universalistischen griechischen *logos* entfernt (*ratio-et-oratio*, wie es die Lateiner einwandfrei übersetzen), also »auf ungezähmte Weise einsprachig«, um eine Wendung von Momigliano wieder aufzugreifen (ich höre: »umgeben von Barbaren«, die auf mehr oder weniger gescheite Art plappern), ist dies tatsächlich Humboldts Ausgangspunkt, der sagt, »die Sprache erscheint in der Wirklichkeit nur als ein Vielfaches«.[5] Dies ist auch, auf eine wildere und zeitgenössischere Art, die Weise, wie Derrida seine Methode und sein Werk definiert:

> Falls ich – Gott bewahre – einmal eine einzige Definition der Dekonstruktion wagen sollte, kurz, elliptisch, ökonomisch wie eine Parole, dann würde ich ohne Umschweife sagen: ›mehr als eine Sprache/ nichts mehr von einer Sprache‹ (*plus d'une langue*).[6]

---

4 Anm. d. Übers.: Für eine deutsche Übersetzung dieses Vorworts siehe Barbara Cassin, »In Sprachen denken. Vorwort zum *Vocabulaire européen des philosophies*«, übers. v. Erika Mursa, in: *Trivium. Deutsch-französische Zeitschrift für Geistes- und Sozialwissenschaften*, https://journals.openedition.org/trivium/4730.

5 Wilhelm von Humboldt, »Über die Verschiedenheiten des menschlichen Sprachbaues und ihren Einfluß auf die geistige Entwicklung des Menschengeschlechts«, in: *Gesammelte Schriften*, Band VI, hg. v. Albert Leitzmann u.a., Berlin 1903–1936, S. 240.

6 Jacques Derrida, *Mémoires pour Paul de Man*, Paris 1988, S. 38; dt.: *Mémoires. Für Paul de Man*, übers. v. Hans-Dieter Gondek, Wien 1988, S. 31.

In dem daran anknüpfenden, faszinierenden Text *Le Monolinguisme de l'autre* (dt. *Die Einsprachigkeit des Anderen*) drückt sich Derridas Dekonstruktion seiner eigenen Position, die sich auf seine Erfahrung als junger jüdischer Algerienfranzose, dem das Arabische in Algerien als eine wählbare Fremdsprache unterrichtet worden war, rückbezieht, als eine Aporie aus, die zudem in eine sehr französische Syntax eingearbeitet oder verstrickt ist und die er folgendermaßen in Sprache fasst: »Man spricht immer nur eine einzige Sprache« / »Man spricht niemals eine einzige Sprache« (»On ne parle jamais qu'une seule langue« / »On ne parle jamais une seule langue«). Ein pragmatischer Widerspruch sondergleichen. Anglo-amerikanische oder deutsche Theoretiker würden ihm vorwerfen, dass er ein allzu kontinentaler Philosoph sei. Sie würden ihm unterstellen: »Sie sind also ein Skeptiker, ein Relativist, ein Nihilist [...]. Wenn Sie so weitermachen, wird man Sie in einen Fachbereich für Rhetorik oder Literatur stecken. [...] wenn Sie beharrlich bleiben, wird man Sie im Fachbereich für Sophistik einsperren.«[7] Mich können solch eine Diagnose und Drohung nur freudig stimmen.

Sie stimmen mit der Diagnose überein, die Lacan von sich selbst als Psychoanalytiker überliefert hat: »Der Psychoanalytiker verkörpert in unserer Zeit den Sophisten, aber mit einem anderen Status.«[8] Was hier tatsächlich zum Ausdruck kommt, ist ein diskursives Regime, das sich sowohl vom »Sprechen von« als auch vom »Sprechen zu« unterscheidet, vom Philosophen auf der Suche nach Wahrheit ebenso wie von der Rhetorik auf der Suche nach Überzeugung: ein nicht-platonisch-aristotelisches Regime, das man wahlweise sophistisch oder austinianisch nennen könnte, das die Performanz, die Logologie, das Einwirken auf die Welt, das »Sprechen, um des Sprechens willen« bevor-

---

7 Jacques Derrida, *Le monolinguisme de l'autre ou la prothèse d'origine*, Paris 1996, S. 18; dt.: *Die Einsprachigkeit des Anderen oder die ursprüngliche Prothese*, übers. v. Michael Wetzel, München 2003, S. 16.

8 Jacques Lacan, *Problèmes cruciaux pour la psychanalyse, Séminaire XII* (1964-1965), online: http://staferla.free.fr/S12/S12%20PROBLEMES.pdf [4. 4. 2023], 12. Mai 1965, S. 212.

zugt. Wenn sowohl Derrida als auch Lacan auf diese dritte Dimension der Sprache aufmerksam sind und auf sie aufmerksam machen, dann weil beide entschieden auf die Dimension des Signifikanten bedacht sind. »Der unübersetzbare Körper der Sprachen«, von dem Derrida mit Blick auf Freud und den Witz spricht,[9] ist nichts anderes als die der Analyse eigene Dimension des Sagens (*dit-mension*), das, was aus dem Signifikat einen »Effekt des Signifikanten«[10] macht. Performanz und Signifikant machen gemeinsame Sache. Und das *Dictionnaire des Intraduisibles* bestätigt nachträglich, inwiefern Performanz und Signifikant gemeinsame Sache mit der Sophistik machen. Aristoteles warf dieser vor, von dem profitieren zu wollen, »was es im Klang der Stimme und in den Wörtern gibt«,[11] um die Entscheidung des Sinns, die Univozität, das Verbot der Homonymie, die den Nerv des Satzes von der Widerspruchsfreiheit bilden, abzulehnen. »Eine Sprache unter anderen ist nicht mehr als die Gesamtheit der Äquivokationen, die ihre Geschichte dort hat überdauern lassen.«[12] Was Lacan in »L'Étourdit« über die Sprache des Unbewussten schreibt, ist für alle Sprachen – für jede allein und in Beziehung zu den anderen – charakteristisch. Nachträglich lässt sich die Sprachenvielfalt als einzigartiges Raster ihrer Äquivokationen auffassen; oder auch: Die Homonymien innerhalb einer Sprache bestimmen die Synonyme, Nicht-Entsprechungen und Verzerrungen zwischen den unterschiedlichen Sprachen. Inwiefern dieses Wörterbuch – Performanz, Signifikant, Homonymie – eine sophistische Geste ist, lässt sich mit Blick auf die Lexikoneinträge MIR: »Welt (*monde*) / Frieden (*paix*) / bäuerliche Gemeinschaft (*commune paysanne*)« und SENS: »Empfindung (*sensation*) / Bezeichnung (*signification*) / Richtung (*direction*)« unmittelbar nachvollziehen.

---

9 Vgl. Derrida, »Freud und der Schauplatz der Schrift«, S. 321.

10 Jacques Lacan, *Das Seminar, Buch XX. Encore*. Textherstellung durch Jacques-Alain Miller, übers. v. Norbert Haas, Vreni Haas u. Hans-Joachim Metzger, Wien 32015, S. 38.

11 Aristoteles, *Metaphysik*, Buch IV 5, 1009 a20–22.

12 Lacan, »L'Étourdit«, in: *Scilicet*, 4, S. 47; *Autres écrits*, S. 490, übers. v. Max Kleiner, siehe lacan-entziffern. https://lacan-entziffern.de/letourdit/jacques-lacan-letourdit-teil-i-uebersetzt-von-max-kleiner/

Dass man also die Grenzen der Disziplinen und der Gattungen zurückweisen oder umgestalten muss, insbesondere diejenigen zwischen Literatur und Philosophie, verwundert dann nicht mehr weiter. »Man wird Sie im Fachbereich für Sophistik einsperren, wo Sie Komparatistik, Psychoanalyse, auch *Postcolonial* und *Gender Studies* nach Gutdünken betreiben können.« Selbstverständlich muss die Philosophie, bzw. das, was zu ihr gehört, neu definiert werden, wenn sie sich nicht nur über die von ihrer Geschichte patentierten Texte und über die überlieferten, immer weiter verfeinerten und neu in Umlauf versetzten Begriffe beugt, sondern auch und zunächst über Wörter, Wörter des Alltags (»bonjour« / »vale« / »khaire« / »salaam« oder »chalom« – wie schafft man sich Zugang zur Welt?), Worte der Literatur und Poesie. Auf diese Weise wird die Durchlässigkeit von Disziplinen, Gattungen und Stilen erprobt, werden die Horizonte durch das Anderswo und das Anderssein der Lehre, der Kulturen und Sprachen erweitert. Es geht darum, die Grenzen der Philosophie immer wieder neu durch die Übersetzungen des *Dictionnaire* zu denken, d. h. durch das Eintauchen in andere Traditionen, die selbst nie fertig konstruiert und formuliert sind. Work in progress!

Es ist nun an der Zeit, einige unter uns zu nennen, die von Anfang an am *Vocabulaire* mitgearbeitet haben: Constantin Sigov und Andreij Vasylchenko für das Ukrainische und das Russische, Ali Benmakhlouf für das Arabische, Anca Vasiliu für das Rumänische, Fernando Santoro für das Portugiesische. Sie alle haben das Buch in ihrer Sprache bzw. in einer ihrer jeweiligen Sprachen vergegenwärtigt. Das *Dictionnaire des intraduisibles* befindet sich in einem Übersetzungsprozess. Das ist kein Paradox. Es stimmt gut mit dem Prinzip überein, wie die *Unübersetzbaren* in diesem *Dictionnaire* definiert werden: als Symptome der Differenz der Sprachen; nicht als das, was man nicht übersetzt; sondern als das, was man nicht aufhört (nicht) zu übersetzen (*ce que l'on ne cesse pas de (ne pas) traduire*). Man muss die Äquivokationen öffnen und entfalten, die Schwierigkeiten auseinanderlegen: Darin zumindest sind wir alle gute Philosophen! Eine der brennendsten Fragen, die nur scheinbar technischer Natur ist, besteht darin, von Fall zu Fall zu entscheiden, ob und wann, mit dem Französischen als Ausgangssprache, es sich um Metasprache oder Sprache handelt: In welchem Augenblick, für welches Lemma, für welchen Teil des Artikels, für welches Zitat oder welche Übersetzung des Zitats, ist das Französische »eine Sprache, *unter anderen*« (»une langue, *entre autres*«), die durch die neu hinzukommende Sprache ersetzt werden kann, und in welchem Augenblick wird sie hingegen selbst zum Untersuchungsgegenstand, d. h. »*einer Sprache*, unter anderen« (»*une langue*, entre autres«), in der Einzigartigkeit der Äquivokationen, die sie kennzeichnen. Wir müssen diese Aspekte immer wieder von neuem zusammen denken. Denn eine Übersetzung ist nie ein wörtlicher Abklatsch, sondern eine Adaption voller ungelöster Fragen.

Tatsächlich geht es weniger um Adaption als vielmehr um Neuerfindung. Die philosophische und politische Absicht, die ich mit dem *Vocabulaire européen des philosophies* verfolgte, ist in ein Anderswo zu übersetzen, überzusetzen, einzutauchen: in Relation zu setzen, zu relativieren. Ich definierte es damals als ein *weder... noch*: weder *globish* (*global english,* Sprache der Kommunikation oder der Dienstleistung, welche droht, die Kultursprachen zu »idiotischen« Dialekten im griechischen Sinne herabzusetzen, d.h. des politischen Vermögens beraubt), noch ontologischer Nationalismus, Sakralisierung der Unübersetzbarkeit und Hierarchie der Sprachen nach ihrer Seinsnähe und ihrem Vermögen zu denken – zu denken wie »wir«, wieder ein Besonderes, das das »authentische« Universelle definieren soll –, in einer heideggerianischen Weise das Griechische zu denken, und das Deutsche griechischer als das Griechische. Ich beharre weiterhin, zehn Jahre später, in etwas anderer Weise auf der Gefahr des *globish*: Es entspricht einer »normalen« Sprachpolitik, wie sie von zahlreichen Ministern fraglos betrieben wird, insofern es in Europa und auf der ganzen Welt untrennbar mit der Evaluation, dem *Ranking*, kurzum mit der Ökonomie einhergeht. Es ist die Antragssprache, die alles auf einen gemeinsamen Nenner bringt und die dazu nötigt, bloß-nicht-selbständig-zu-denken außerhalb der Gitterkästen der Evaluation einer *knowledge-based society*, mit *work-packages*, *deliverables* und *keywords* zur Abschottung; eine Sprache, die ohne Autoren und ohne Werke auskommt (die Werke auf *globish* sind Anträge in Brüssel – wer mit Forschung im geisteswissenschaftlichen Bereich vertraut ist, macht täglich diese einschneidende Erfahrung). Es ist die Sprache der »Forschungs-« bzw. »Such«-Maschinen wie Google mit ihren *linguistic flavors*: Aufgrund eines Algorithmus lässt sie eine Welt erscheinen, in der Qualität einzig eine herausragende Eigenschaft der Quantität ist, ohne Sinn oder einen möglichen Platz für die Erfindung (»man bemerkt die Abwesenheit eines Unbekannten nicht«, sagte Lindon von Beckett), abgesehen von ausgefeilten Werbestrategien. Die Spannung zwischen *globish* einerseits und Englisch andererseits als einer Kultursprache, die erhaben und fließend ist, steht darum im Zentrum der amerikanischen Neuerfindung. *The Dictionary of Untranslatables*, das dank der Arbeit von Emily Apter, Jacques Lezra und Michael Wood im Frühjahr 2014 in Princeton erschien, spielt als erste vollständige Übersetzung-Adaption-Neuerfindung des *Vocabulaire européen english* gegen *globish* aus; es spielt dadurch auch das Wort gegen den Begriff oder Pseudo-Begriff aus, überdies die zögerliche Hermeneutik der *French Theory* gegen eine analytische Philosophie, die sich ihrer exklusiven vernünftigen Universalität – aus Gleichgültigkeit oder Geringschätzung der Geschichte und der Sprachen – gewiss ist.

In anderen Sprachen und kulturellen Kontexten standen andere Prioritäten im Vordergrund.

[...]

So hat Constantin Sigov veranlasst, dass das Wörterbuch ins Ukrainische übersetzt wird, vor allem um an der philosophischen Sprache der Ukraine zu arbeiten, mit dem Ziel, diese entschieden von der russischen Sprache zu unterscheiden und eine philosophische Gesellschaft zu schaffen. Sie übersetzten es zugleich gemeinsam mit russischen Wissenschaftlern ins Russische und gaben es in Kiew auf Russisch heraus. Eine Zusammenarbeit, die die Konflikte überwindet. Ein großes Verdienst – und Europa sollte die Notwendigkeit erkennen, eine solche Arbeit des intellektuellen und intelligenten Friedens zu unterstützen.

Ali Benmaklhouf hat die Übersetzung des politischen Teils des *Vocabulaire* (Einträge wie PEUPLE, LOI oder ÉTAT) ins Arabische verantwortet. Es geht darum, Distanzen auszumessen, den Umgang mit bestimmten Begriffen zu ermöglichen, um die eine für die andere Sprache und Kultur zu öffnen, die die Geschichte zwar bereits zusammengeführt hat (wovon das Vorkommen des Arabischen im *Vocabulaire* als eine Sprache des Übergangs und als Vektor der philosophischen Transmission zeugt), aber die sich seitdem weitgehend ignorieren. Die Übersetzung ins Hocharabische hat Teil an der neuen Phase historischer Beschleunigung von Literaturimport, die es bereits im neunten und im neunzehnten Jahrhundert gab. Sich auf das System der arabischen Sprache zu stützen, um neue Paronyme zu bilden, trägt dazu bei, die Grenzen des intellektuellen Bezugssystems neu abzustecken.

Ins Rumänische wiederum wurde unter der Leitung von Anca Vasiliu und Alexander Baumgarten das ganze Wörterbuch übersetzt,[13] um eine tragfähige philosophische Terminologie zu prägen und aus ihrer Sprache heraus das Verhältnis zwischen lateinischer und slawischer Tradition zu denken.

In der brasilianischen Ausgabe, herausgegeben von Fernando Santoro und unterstützt von Luisa Buarque, wird *durch* die Übersetzung reflektiert, was eine postkoloniale Sprache ist. Das Portugiesisch Brasiliens wird in Bezug zum Portugiesischen differenziert, nachgedacht wird über linguistische »Anthropophagie« und Verschmelzungen mit den indigenen Sprachen: Was ist – um einen Ausdruck der Dichter der *poesia concreta* zu übernehmen – eine *intradução*?[14]

Andere Übersetzungsvorhaben sind gerade in Planung: Das Hebräische stellt mit Adi Ophir die brennende politische Frage nach

13 Anm. d. Übers.: Der Band unter dem Titel *Vocabularul european al filosofiilor* ist 2020 erschienen.

14 Anm. d. Übers.: Verwiesen sei hier auf Oswald De Andrage, *Manifeste*, darin: »Anthropophages Manifest«, übers. v. Oliver Precht, Wien, Berlin 2016.

der Diskrepanz zwischen der heiligen Sprache, der Sprache der Philosophie und der Alltagssprache – was Gelegenheit gibt, eine Ortsbestimmung der hebräischen Sprache vorzunehmen, mit Rückbezug auf die Geschichte der Sprache, um mit dem doppelten kolonialen Ghetto der Israelisierung und der Amerikanisierung zu brechen.[15] Das Italienische, das von dem historischen Einschnitt des Problems der Einheitssprache geprägt ist, setzt, dank Rossella Saetta Cottone und Massimo Stella, die Grenzen zwischen der Philologie, der Geschichte der Philosophie und der Philosophie selbst in Bewegung und überdies auch diejenigen zwischen Schreiben, Kunst und politischem Handeln. Nicht zuletzt wird in Mexiko eine spanischsprachige Ausgabe vorbereitet – und es ist sicherlich nicht gleichgültig, dass die spanische Edition des Wörterbuchs in Mexiko, die portugiesische in Brasilien entsteht, so wie die englische in den Vereinigten Staaten konzipiert wurde. In der griechischen Edition lotet Alessandra Lianeri die Beziehung zwischen dem Alt- und Neugriechischen aus. Und schließlich hoffe ich auf eine chinesische Ausgabe. Auch wenn ich bereits fast überall meine Schwelle zur Inkompetenz überschritten habe, so muss ich zugeben, dass das Chinesische ganz fremd ist. Es ist in jedem Fall klar, dass stets auch eine politische Dimension im Spiel ist, die nicht von der Dimension der philosophischen Erforschung der Sprache und der Übersetzung getrennt werden kann. »[E]s bedarf einer Politik des Geistes, wie es einer Politik des Goldes, des Getreides oder des Erdöls bedarf«, schrieb Paul Valéry 1933 – ich möchte dies gern in den Plural ausweiten: Benötigen wir nicht vielmehr Politik*en* des Geistes?

Jede Übersetzung bzw. Adaption bietet Gelegenheit zu bedeutenden Transformationen, Auslassungen und Hinzufügungen.

Eben darin liegen die Geste und das Erreichte.

Spielen wir allerdings – dank der Aufmerksamkeit für die Differenzen, dank des Interesses dafür, was eine Sprache zu einem bestimmten Augenblick kann und will, was aus jeder Sprache so etwas wie

15 Anm. d. Übers.: Bislang ist dazu die Webseite »Mafteach« (wörtlich: Schlüssel) entstanden: https://mafteakh.org.

ein Subjekt macht – nicht auch linguistisch und sprachlich den Nationalismen in die Hände? Wie überwinden wir, wie umgehen wir am besten das lästige Problem der Vorstellung vom Genius der Sprachen (⟶ Supplement 1 »Genius der Sprachen«) und der identitären Verwurzelung? Die Frage kann nicht nicht gestellt werden.

Ich werde sie beantworten, zunächst einmal mit Worten, die ich abermals Jacques Derrida entlehne. In seinem allerletzten Buch *Apprendre à vivre enfin*, das ein pragmatisches Oxymoron ist, denn wir erleben dieses Buch fortan postum, kehrt Derrida zu *Monolinguisme de l'autre* zurück und entreißt das »universelle Gesetz« seiner »einzigartigen Geschichte«:

> Ich habe nur eine Sprache, und gleichzeitig gehört mir diese Sprache auf ebenso einzigartige wie exemplarische Weise nicht. [...] Eine einzigartige Geschichte hat bei mir dieses universelle Gesetz übersteigert: Eine Sprache ist nichts, was einem gehört.[16]

Diese einzigartige Geschichte (das Arabische wurde in Algerien als Fremdsprache unterrichtet) lehrt, dass die erste Bedingung, um zu wissen, dass man eine Sprache »hat«, darin besteht, mindestens zwei zu verstehen. Man muss mindestens zwei Sprachen kennen oder auch nur in Kontakt mit ihnen kommen, um zu wissen, dass man in einer (Sprache) spricht und dass es eine »Sprache« ist, die man spricht. Trifft dies nicht zu, gibt es keine andere (*il n'y a pas d'autre*), und eben nicht einmal eigenes (*pas même de soi*) – das ist die Kraft, die Deleuze so trefflich »Deterritorialisierung« nennt.

Die zweite Lehre, die derselben Lebenserfahrung entnommen ist, besagt, dass diese Sprache, die man hat, einem »nicht gehört« (»*n'appartient pas*«). Sie wird von anderen gesprochen, die diese auch »haben« oder zuerst eine andere besitzen. Zu sagen, dass eine Sprache niemandem gehört, gestattet es, Sprache und Volk voneinander zu

16 Jacques Derrida, *Apprendre à vivre enfin. Entretien avec Jean Birnbaum*, Paris 2005, S. 39; dt.: *Leben ist Überleben*, übers. v. Markus Sedlaczek, Wien 2005, S. 46f.

lösen, die Sprache zu entnationalisieren, die räumlichen Einhegungen fallen zu lassen. Insofern die Grenzen zwischen Sprachen und Nationalstaaten nicht zusammenfallen, erzeugt das postkoloniale Denken – dem schädlichen Gebrauch zum Trotz, den ein Volk von einer Sprache gemacht haben wird, die es für die »seinige« hält (»Unsere Vorfahren, die Gallier« aus den Handbüchern aus Übersee) – nichts, was es zu ertragen gilt, sondern es bringt vor allem Leidenschaftliches hervor. Man kann sich die Sprache des Anderen aneignen, man kann sie lieben, auch wenn sie das Schlimmste ist – Kateb Yacine hält das Französische gerade als »Kriegsbeute« in Ehren. Umgekehrt entpuppt sich auch die »Mutter«-Sprache, in der immer allzu schnell der Patriotismus in Nationalismus umschlägt (wenn das unreine Blut die Ackerfurchen tränkt) als eine, die von der Verwurzelung in den Boden befreit ist, und die ihrerseits frei wird, um als »Vaterland« (»patrie«) zu dienen. Hannah Arendt stellte angesichts der durch den Nationalsozialismus vergifteten deutschen Sprache (die »winzigen Arsendosen« Klemperers) fest: »Trotzdem ist es nicht die Sprache, die verrückt geworden ist« – eine Frage, die Derrida wahnsinnig gemacht hat.[17] Sie, die niemals das Gefühl hatte, »irgendeinem Volk anzugehören«, entscheidet sich nun nicht für Deutschland, sondern für die deutsche Sprache – diejenige, die nachklingt *in the back of my mind*, wie sie seit ihrem amerikanischen Exil sagt, – zuliebe des »einzigen Vaterlandes«. Und der in Nashville, Tennessee geborene Dichter Randall Jarrel bekräftigt: »Ich glaube – ich glaube wahrhaftig, ich glaube wahrhaftig – dass das Land, das ich am meisten liebe, die deutsche Sprache ist.«

Die Sprache, insofern sie von Schriftstellern und Werken geprägt ist, die Sprache als *energeia*, übersteigt stets die nationalen Formen ihres Gebrauchs. Sie ist ein Vermögen, eine Erfindungsgabe und eine Kraft, die anderen (an)gehört, allen, ungeachtet ob sie »Mutter«-Spra-

---

17 Siehe das wunderbare Gespräch mit Hannah Arendt, das 1964 von Günter Gaus für das deutsche Fernsehen realisiert wurde, in: Hannah Arendt, *Ich will verstehen. Selbstauskünfte zu Leben und Werk*, hg. v. Ursula Lutz, München 1996, S. 44–70. Ausführlich kommentiert Derrida die daraus zitierte Äußerung in *Die Einsprachigkeit des Anderen*, S. 100–109.

che ist oder nicht. Die Sprachen sind erneut in Bewegung gesetzt (es sollte ein Wörterbuch der Französischen Sprachen geben wie es schon ein Wörterbuch der Spanischen Sprachen gibt). Die Position des Fremden, des Exilierten, des Entwurzelten, des Barbaren, des Anderen, ist eine Position der Avantgarde, ein »Voraus«, wie es für Rimbaud die Dichtung war. Ich bin übrigens überzeugt, dass die Frankophonie sich nur auf diese Weise behaupten kann: Entweder ist sie vielsprachig oder sie ist nicht. Nicht das Französische allein, sondern das Französische *und*, das Französische *mit* – mit dem Englischen unter und zwischen anderen, mit den anderen Sprachen. Es ist nicht unerheblich, dass der »Multi-Bilinguismus« mithilfe der *Délégation générale à la langue française et aux langues de France* (DGLFLF) verwirklicht wurde: Das Französische erscheint an der Stelle, die am häufigsten vom Englischen besetzt wird, als eine Sprache der Kommunikation zwischen den anderen Sprachen. Allerdings weit entfernt davon, diese anderen Sprachen auszuschließen oder ihren Gebrauch zu entwerten, respektiert ein solches Französisch die anderen Sprachen, setzt sie in Bezug und hebt ihre Einzigartigkeiten besonders hervor. »Mehr als eine Sprache« (»*Plus d'une langue*«) und »Eine Sprache gehört nicht / niemandem« (»*Une langue, ça n'appartient pas*«) – das sind Losungen, um die Übersetzung zu denken.

Denn die richtige Antwort auf die Frage nach identitären und exklusiven Nationalismen, die auf den *genius malignus* der Sprachen aufgepfropft sind, liefert die Übersetzung selbst. Sie schafft die Durchgangspassage zwischen den Sprachen. Damit ist sie unmittelbar politisch: Es geht um die Artikulation einer differenzierten Pluralität. Das Verschiedene wird durch eine Praxis des Gemeinsamen ins Werk gesetzt. Als Wissen, wie man mit Differenzen umgeht, ist die Übersetzung selbst, so scheint mir, dazu auserkoren, das neue Paradigma der Geisteswissenschaften zu bilden. Nicht das einzige, aber, zumindest vorläufig, das beste. »Die Sprache Europas ist die Übersetzung«, sagt Umberto Eco meisterlich. Ergänzen wir mit Lacan: »Was besagt eine Metasprache, wenn nicht Übersetzung? Man kann über eine Sprache nur in einer anderen Sprache sprechen.«[18] Gegen das überbordende Universelle, ein weiterer Name für die Ideologie, die bewirkt, dass mein Universelles universeller als deines ist, dass mein Besonderes sich selbst als Universelles und meine Sprache als *Logos* setzt (»Ich bin ihr: schweigt und lasst mich sprechen« – wahrlich am weitesten entfernt von »Ich ist ein Anderer«).

In der Tat ist die Übersetzung doppelt vektorisiert: Wie jede Interpretation geht sie vom »Factum des Nichtverstehens« (dem *Faktum* der Hermeneutik Schleiermachers) aus, und zwar unter der Bedingung »von einfacher und anspruchsloser Liebe zum Original« (Humboldt). Auf diese Weise nimmt das »Zwischen« Gestalt an. Es bedarf einer guten Gewichtung zwischen dem Fremden und der Fremdheit:

> Mit dieser Ansicht ist freilich nothwendig verbunden, daß die Uebersetzung eine gewisse Farbe der Fremdheit an sich trägt, aber die Gränze, wo dies ein nicht abzuläugnender Fehler wird, ist hier sehr leicht zu ziehen. Solange nicht die Fremdheit, sondern das Fremde gefühlt wird, hat die Übersetzung ihre höchsten Zwecke erreicht; wo aber die Fremdheit an sich erscheint, und vielleicht das Fremde verdunkelt, da verräth der Übersetzer, daß er seinem Original nicht gewachsen ist.[19]

Genau darin wird die Betrachtung der Unübersetzbaren zum politischen Verfahren: Differenzen auf den Grund gehen, um zu verstehen; nicht assimilieren, sondern Brücken schlagen, simultan begreifen und ein sich in Arbeit befindendes Gemeinsames koproduzieren. »Das Gefühl des unvoreingenommenen Lesers verfehlt hier nicht leicht die wahre Scheidelinie«, ergänzt Humboldt. Vermutlich kann sich auch der Bürger darin wiederfinden. In dieser Hinsicht inspirieren die Unübersetzbaren mittlerweile auch andere Denkprozesse, wie etwa

---

18 Jacques Lacan, »Vers un signifiant nouveau« (Seminar 1977), in: *Ornicar* 1979, S. 20.

19 Wilhelm von Humboldt, »Einleitung zum *Agamemnon* des Aischylos«, in: *Gesammelte Schriften*, Band VIII, S. 119–146, hier S. 132.

unsere Arbeit über die subsaharischen Sprachen (dabei geht es um den Vergleich, darum, wie das Verhältnis zwischen Natur und Kultur artikuliert wird ebenso wie um den Begriff des »Erbes« (*patrimoine*) und den des »Museums«, Begriffe, die darüber entscheiden, ob Förderanträge bei der Unesco eine Chance haben).[20] Wir erproben aber auch die Unübersetzbaren der Psychoanalyse in der chinesischen Sprache (Lacan ins Chinesische übersetzen...), wir öffnen die Baustelle der Unübersetzbaren der drei Monotheismen (nicht von ethisch-religiösen Werten ausgehend, denen man Analogie/Heterogenität unterstellen würde, sondern von den Texten selbst, in ihrer Sprache und in ihren Worten).

Ich möchte mein Lob der Übersetzung noch weiter ausführen. Zunächst geht es um die Berücksichtigung des Anderen, des Mitmenschen, der wie ich nicht wie ich ist (*comme moi pas comme moi*): Der Andere ist kein Barbar. Die Sprachen, um noch einmal einer Metapher Humboldts zu folgen, sind wie ein sich von einer Kirche unterscheidendes Pantheon, sie sind Götter im Plural und nicht ein einziger Gott. Es bedarf des Respekts, *aidôs*, des Bewusstseins für den Blick des Anderen (dasselbe, was in den Banlieus angemahnt wird), als Grundlage der Politik. Die Übersetzung »nimmt Rücksicht« auf den Anderen und stiftet Vielfalt, weit über das politisch Korrekte hinaus.

Außerdem impliziert jede Übersetzung – jeder Übersetzer weiß das – immer mehr als eine Möglichkeit. Es gibt mehr als eine mögliche Übersetzung, und es ist mehr als eine gute Übersetzung möglich. Nicht nur, weil es darum geht zu wissen, wann, warum und für wen man übersetzt; sondern auch weil – insofern jede Sprache ein Gewebe von Äquivokationen ist – ein einziger Satz, eine einzige Syntax und Semantik verschiedene Wahrnehmungen, Richtungen und Bezeichnungen (also »Sinngehalte«) in sich tragen. Davon kann es gute, schlechte und vor allem solche geben, die besser als andere sind. Darum empfiehlt Humboldt, wenn es darum geht, sich selbst (wieder)

---

20 Siehe Barbara Cassin, Danièle Wozny (Hg.), *Les Intraduisibles du patrimoine en Afrique subsaharienne*, Paris 2014.

zu übersetzen, sich zu verstehen und zu verstehen, dass man immer auch interpretiert, auf dem Schreibtisch mehrere Übersetzungen bereit zu halten, die einen anderen Aspekt des Originaltexts zeigen und das Angebot einer anderen Erfahrung machen.

Es gibt stets mehrere gute Übersetzungen, und die Übersetzung, die folglich mit der Interpretation verbunden sein muss, lehrt das, was ich als »konsequenten Relativismus« bezeichnen würde. Es gibt eine bessere Übersetzung, um – ja um dazu zu dienen, dieses oder jenes verständlich zu machen. Der konsequente Relativismus impliziert, glaube ich, von der Vorstellung einer einzigen Wahrheit, von *der* Wahrheit, und also von der Vorstellung, dass es *ein* Wahres und *ein* Falsches gibt, zur Idee überzugehen, dass es ein »Wahreres«, ein »besser für« gibt, so etwas wie einen »dedizierten Komparativ« in einer bestimmten Situation. Was Protagoras in Platons *Theätet* als Know-How der Sophisten und allgemeiner als Know-How der guten Lehrer beschreibt: »von einem weniger guten in einen besseren Zustand übergehen« ist besser für ein Individuum oder eine Stadt, aber in keiner Weise wahrer...[21] Und was John Austin seinerseits glaubte, durch sein Beharren auf dem Sprechakt erreicht zu haben, nämlich »zwei Fetische mit einer Klappe zu schlagen [...] den wahr/falsch-Fetisch und den Sein/Sollen-Fetisch.«[22] (⟶ Supplement 4 »Zwei Fetische mit einer Klappe schlagen«).

Wenn man übersetzt, wenn man sich also zwischen den Sprachen bewegt, dann »entessentialisiert« man. Es geht immer darum zu zeigen, dass es anstatt eines feststehenden Wesens Interferenzen gibt, dass jede Sprache für eine andere Sprache »die Herberge des Fernen« ist (so der schöne Ausdruck des Minnesängers Jaufré Rudel, den Antoine Berman wiederaufgenommen hat).[23] *Summa summarum*

---

21 Platon, *Theätet*, 166b–167e.

22 John Austin, *Zur Theorie der Sprechakte (How to do things with Words)*, übers. v. Eike von Savigny, Stuttgart 2002, S. 168. (Anm. d. Übers.: Die deutsche Übersetzung wurde hier verändert).

23 Antoine Berman, *La Traduction et la lettre ou l'auberge du lointain*, Paris 1999.

gibt es *energeiai*, Energien, die am Werk sind und nicht bloß *erga*, Werke. Man muss übersetzen, was ein Text tut, nicht nur, was ein Text sagt, insistierte Henri Meschonnic.[24] Was heißt: In der Übersetzung begegnet man einer Verschachtelung von *energeiai*: »Unmittelbar und streng genommen, ist dies die Definition des jedesmaligen Sprechens«; aber die Sprache selbst ist genau betrachtet »die Totalität dieses Sprechens als Sprache«,[25] eine Tätigkeit, die dabei ist, sich zu machen. Und Übersetzungen sind ihrerseits » mehr Arbeiten [...] als dauernde Werke«,[26] die zeigen, wie sich diese Energien weiter entwickeln und sich vermischen. Die Übersetzungen, wie auch die Sprachen, sind eher *energeiai* als *erga*, dabei verhältnismäßig abhängig vom Resultat, aber ganz pragmatisch. Der Sprechakt, der Sprachakt und der Übersetzungsakt, sie alle drei sind Performative, linguistisch, sprachlich, interpretativ: Die *energeia* dient als Operator, um auf nicht dialektische Weise das Einzigartige und das Besondere innerhalb des Allgemeinen und des Universellen auszusprechen. Der Operator des Relativismus kompliziert das Universelle.

Ich möchte mit einer praktischen Bitte schließen, die die träumerische Nützlichkeit derartiger *Wörterbücher* berührt. Ich wünsche, dass die humanistischen Disziplinen, in denen ein großer Schatz an verschiedenen Sprachen zusammen kommt, schon in den Schulen, ja schon von der Vorschule an, ihren gesamten Raum zugunsten einer Tätigkeit des Übersetzens aufwenden, d.h. die Wörter und Texte in Sprachen, in ihrer Originalsprache und in der Zielsprache behandeln. Das Verhältnis zwischen Zielsprache und Originalsprache sollte hier in einem wesentlichen Kommen-und-Gehen bestehen. Eine derartige Deterritorialisierung ist Bildung – wie sie im Altgriechischen *paideia* genannt wird – im Doppelsinn von Seelenbildung und schulischer

---

24 Henri Meschonnic, *Poétique du traduire*, Paris 1999, S. 55, S. 124 u. S. 139.

25 Wilhelm von Humboldt, »Über die Verschiedenheit des menschlichen Sprachbaues und ihren Einfluß auf die geistige Entwicklung des Menschengeschlechts«, S. 46.

26 Wilhelm von Humboldt, »Einleitung zum *Agamemnon* des Aischylos«, S. 136.

Ausbildung. Grob skizziert wäre dies eine Art des Sprachenunterrichts, der gefördert werden sollte. Arendt irrte nicht. Sie schrieb im Jahre 1950 in ihr *Denktagebuch* einen kleinen Abschnitt, der mit »Pluralität der Sprachen« überschrieben ist:

> Gäbe es nur eine Sprache, so wären wir vielleicht des Wesens der Dinge sicher. Entscheidend ist 1. dass es viele Sprachen gibt und dass sie sich nicht nur im Vokabular, sondern auch in der Grammatik, also der Denkweise überhaupt unterscheiden und 2. dass alle Sprachen *erlernbar sind.*[27]

Arendt nennt diese Lektion artikulierter Diversität eine »schwankende Vieldeutigkeit der Welt«, die geeignet ist, das Universelle zu komplizieren (⟶ Supplement 5 »compliquer l'universel«). Eben das ist eine gute geisteswissenschaftliche Praxis, eine gute pädagogische sowieso.

---

27 Hannah Arendt, *Denktagebuch*, Bd. 1., November 1950, München / Berlin 2016, S. 42 (Hervorhebung B.C.).

»entre«

Übersetzt von Larissa Krampert und Jana Wilhelm

> Apparently nobody wants to know that contemporary history has created a new kind of human being – the kind that are put in concentration camps by their foes and in internment camps by their friends.
> Hannah Arendt,
> »We refugees«, *The Jewish Writings*

> Auf alle Fälle ist es wesentlich, ein Gegen-Imaginäres zu formulieren, das sich der verrückten Vorstellung einer Gesellschaft ohne Fremde entgegensetzt.
> Achille Mbembé,
> *Critique de la raison nègre*

Es scheint mir, als ob es einem europäischen Intellektuellen (ich werde dieses windige, wolkige Weichtier gewiss nicht definieren) heutzutage unmöglich ist, ein Buch zu schreiben, einen Vortrag zu halten, auch nur in irgendeiner Form öffentlich zu intervenieren, ohne dem, was er zu sagen haben könnte, ein »und« hinzuzufügen. Auf die Frage, was es brauche, um bei ihm studieren zu können, fügte Antisthenes all seinen Weisungen ein *kainou* hinzu: ein kleines Buch, einen Griffel, eine Tafel, die *kainou* sind. (⟶ Supplement 6 »mit Köpfchen – καινοῦ = και νοῦ«)

Der Schüler brauchte also ein kleines Buch, einen Griffel oder eine Tafel, die »neu« waren, aber das Adjektiv wurde auch in seine Einzelteile zerlegt verstanden: *kai nou*, komm mit einem kleinen Buch *und mit Köpfchen*, mit einem Griffel *und Köpfchen*, mit einer Tafel *und Köpfchen*. Genauso, denke ich, muss man, wenn man hier und jetzt etwas zu sagen gedenkt, es mit einem *und* sagen: *und* das Mittelmeer. *Und* das Massengrab, zu dem das Mittelmeer gerade wird, der

Friedhof Flüchtender, die Europa zu erreichen suchen, der zugleich der Friedhof Europas selbst ist. Unmöglich, ohne dieses *und* von der Übersetzung zu sprechen, der Vielfalt der Sprachen und der Kulturen, vom konsequenten Relativismus. (⟶ Supplement 7 »und«)

Ich habe das Wort »entre«, in seiner ganzen Mehrdeutigkeit, ans Ende des vorliegenden Buches gestellt, um dieses *und* sichtbar zu machen. Wenn man es als einzelnes Wort ausspricht, versteht man unter »entre« den Imperativ des Verbs »entrer«, *intrare*, »vordringen, eindringen«. Im Lateinischen lädt man jemanden dazu ein, die Schwelle (*limen*) zu übertreten, die heiligen Stadtmauern (*pomœrium*) zu überwinden, in die Tiefen der Erde (*terram*) oder in die Herzen (*animos*) vorzudringen.

Und im Französischen heißt »on entre« seit dem 11. Jahrhundert wörtlich und im übertragenen Sinne: Man »dringt in eine Frau ein«, man dringt in die Materie vor, man tritt in den Krieg ein, man tritt in Aktion, man geht eine Beziehung ein, man gerät in Zorn, etwas drängt ins Bewusstsein... »Entre« bedeutet Gastrecht. »Défense d'entrer« , »Eintritt verboten«, bedeutet die Gastabwehr, ist die errichtete Barriere, die Grenze als Mauer.

Es gibt noch ein zweites »entre«, um das herum unsere Übersetzung unaufhörlich kreist: die Präposition. Sie gehört zur gleichen lateinischen Familie, *inter*, mit dem Suffix *-ter*, das Dualität anzeigt, wie bei *alter*, der andere von zweien (*alter ego*, ein anderes Ich). »Entre« heißt »zwischen zweien« zu sein (⟶ Supplement 8 »Entre, alter/autrui, der Andere«). Es bedeutet, im räumlichen Sinne, sich im Intervall aufzuhalten, also weder drinnen noch draußen; im zeitlichen Sinne »sich zwischenzeitlich entwickeln«, »inzwischen«. So dass diese Präposition im Französischen seit dem 16. Jahrhundert Verhältnisse der Wechselseitigkeit und des Vergleichs ausdrückt – »un entretien« (eine Unterhaltung; ein Zwiegespräch), »un entrelacs« (eine Verflechtung, ein Verweben von Fasern oder Stoffen), »une entremetteuse« (eine Kupplerin), »un entrepreneur« (ein Unternehmer). In diesem Fall gibt es keinen Ausschluss, kein mögliches »n'entrez pas«, sondern eine verzwickte Zone, in der es nur Interaktion und Interferenz geben kann.

Ich bin mir dieser Mehrdeutigkeit zum ersten Mal bewusst geworden, als ich über Lampedusa sprechen musste.[1] Ich konnte nicht umhin, wie wild über dieses »n'entrez pas« nachzudenken, das man an diejenigen richtet, die vor Lampedusa ertrinken – Sie wissen schon, diese kleine vierunddreißig Quadratkilometer umfassende Insel, ein Schnipsel, der näher an Tunesien liegt als an Frankreich und wo es im Jahr 2013 Mitte Oktober 400 Tote gab. Am 25. Oktober, als die europäische Kommission reuevoll zusammentrat, um sich zu fragen, was mit den Migranten zu tun sei, wurden 700 in knapper Not gerettet. Nach den Berechnungen des Kollektivs *Migrant Files*, die etwa drei Jahre später, Ende Juni 2016, zusammengetragen wurden, handelt es sich gegenwärtig um 22.000 Ertrunkene, mehr als 1.500 im Jahr – und das sind nur die, die erfasst wurden.[2]

Zu diesem Zeitpunkt präsentierte sich mir das andere »entre« des »entre-deux« (»Dazwischen«) als ein »Gegen-Imaginäres«, dessen Notwendigkeit Achille Mbembé deutlich macht. Keine gemeinsame Welt ohne Beigeschmack, ohne den Geschmack des »entre«. Aber die Kultur des »entre« muss ein starkes Rückgrat beweisen, um der *Realpolitik** zu widerstehen, die man uns immer wieder vorsetzt. Achille Mbembé schließt das Interview, das er *Libération* gegeben hat, um seine *Critique de la raison nègre* vorzustellen, mit den Worten: »Man könnte damit beginnen einzufordern, jedem Menschen dort das Recht auf Aufenthalt zu gewähren, wo er es wünscht.« Eine Utopie? Vielleicht. Er fügt hinzu: »Auf alle Fälle ist es wesentlich, ein Gegen-Imaginäres zu formulieren, das sich der verrückten Vorstellung einer Gesellschaft ohne Fremde entgegensetzt.«[3] Genau dieses Gegen-Imaginäre ist es, dem ich mithilfe der anderen Bedeutung von »entre« – dem »entre-deux«, dem »Dazwischen« –

---

1 Während des Forums *Le Monde* / Le Mans, unter der Leitung von Jean Birnbaum 2013, und unter dem Titel »Repousser les frontières?«.

2 Anm. d. Übers.: *Éloge de la traduction* erschien in Paris 2016. Die aktuellen Zählungen sind auf Seiten wie https://missingmigrants.iom.int nachzulesen.

3 Achille Mbembé, *Critique de la raison nègre*, Paris 2013. Interview in *Libération*, 2.–3. November 2014.

versuche, eine Form zu geben, indem ich die Übersetzung als Modell dieses »entre« nehme.

Da die Sprachen ebenso wenig wie Personen Waren sind, die unter dem Regime der allgemeinen Wertentsprechung in einer kapitalistischen Welt zirkulieren, spreche ich hier nicht von Globalisierung oder von *globish*. Sie sind eher eine aus unterschiedlichen Formen des Aufenthalts und der Übergänge bestehende Vielfalt. Es gibt Sprachen – Kulturen, Weltanschauungen – und Menschen, die sie sprechen, es gibt Texte, und beim Übersetzen geht man von einer Sprache zur anderen über. Es ist offensichtlich, dass man auf die Vielfalt und auf das *Savoir-faire* im Umgang mit den Differenzen setzen muss. Man muss aus der Grenze ein »entre«, einen Aufenthaltstitel, machen. Sprachen sind wie Viehherden – sie halten sich nicht an Grenzen auf. Sie migrieren, sie hinterlassen Spuren, beieinander und ineinander, sie wandeln sich und bleiben einzigartig. Sprachen lassen sich erlernen und übersetzen. Die Übersetzung als Modell des »entre« wird stets die Verkettung von *logos*, Barbar, Sklave, Subalternem untersagen, eine fatale Verkettung, die stets den Zweifel sät, ob derjenige, der ertrinkt, ein Mensch ist, und die dazu führt, jene Kapitäne zu verurteilen, die den Booten in Not, entgegen jeder Anweisung ihrer Reeder, zu Hilfe kommen.

Ich glaube nicht, dass es absurd wäre zu versuchen, eine komplexe ökonomisch-politische Wirklichkeit mit einer Idee und einer Praxis zu konfrontieren, die so unscheinbar wie das Leben der Kleinen und Schwachen sind. Das heißt: ein Steinchen, einen Spross zu finden, der uns in einer Situation des Schreckens zur Hand ist. Es ist vielmehr die einzige Sache, die nicht vollkommen absurd wäre. Mit anderen Worten: Die Kultur ist Korrektiv des Politischen. Die humanistische Bildung ist nicht mehr, wie es uns Bourdieu einst und berechtigterweise zu denken gegeben hat, das Eigentum der Bildungselite. Ich wiederhole es nochmal: Die humanistische Bildung, der Humanismus, ist heute nicht mehr reaktionär ausgerichtet, sondern Ausdruck des Widerstands. Es ist entscheidend, das zu verstehen.

Die Übersetzung ist in meinen Augen das Alternativmodell, bzw. das Gegen-Imaginäre, das es erlaubt, das Innen und das Außen, die Einheit und die Vielfalt auf andere Weise in Worte zu fassen. Auf Anfrage mehrerer Hilfsorganisationen habe ich mich Ende Mai 2016 nach Grande-Synthe und Calais begeben, kurz nach der Zerstörung der Südzone des *Jungle*. Hier habe ich dieses Foto aufgenommen:

Soweit das Auge reicht, ein von Bulldozern verwüstetes und eingeebnetes Gebiet, rauchende Müllcontainer, man sieht einen Schuh, eine Puppe sprießen. Mittendrin ein Pfosten mit einem handgeschriebenen Schild, auf dem ein Pfeil die »Schule« anzeigt, geschrieben in acht Sprachen, von denen ich nur zwei zu lesen imstande bin, Französisch und Englisch.

Nichts ist entwaffnender als das Absurde. Wobei das Wort »entwaffnend« nicht passt, wenn es um Männer, Frauen und Kinder geht.

In der Südzone von Calais verschwanden zwischen dem Tag vor und dem Tag nach der gewaltsamen Auflösung des Lagers einhundertneunundzwanzig unbegleitete Minderjährige. Sie wurden nie von französischen Behörden registriert, lediglich von englischen Verbänden. Nach französischem Recht haben sie vielleicht niemals existiert.

Die Schule, *the school*, wurde offiziell und medienwirksam nur einige Tage vor besagter Zerstörung eingeweiht und steht jetzt mitten im Nirgendwo – während ihrer Einweihung wurde sie zu oft fotografiert, um nur drei Tage später abgerissen zu werden (⟶ Supplement 9 »Heterogloss(i)en«). Ein Nirgendwo, an dem zwei weitere »Orte der Begegnung« verschont geblieben sind: eine äthiopische Kirche und eine Moschee.

In diesem Nirgendwo der Schule, trotz allem: Kinder und Lehrerinnen, Unterricht, Zeichnungen von anderswo, Geschenke von anderen Schulkindern, niedergeschriebene Erzählungen, reparierte Fahrräder, eine für alles zuständige Direktorin (Virginie Tiberghien) und ein nigerianischer Architekt und Baumeister (Zimako Jones). Tabellen zwischen Alphabeten. Ein vierzehnjähriger Afghane ist gekommen, sich zu bedanken. Mithilfe zweier ehrenamtlicher Anwälte, die regelmäßig aus Paris ins Lager gekommen sind, kann er nun auf legalem Weg zu seinem Bruder nach England ausreisen. Er hatte etwa zehn Länder (Afghanistan-Pakistan-Iran-Türkei-Bulgarien-Serbien-Kroatien-Ungarn-Österreich-Deutschland-Frankreich) allein durchquert, während der sechs Monate endlosen Wartens im Lager von Calais hat er kaum geschlafen. Ankunft eines schwarzen Wagens mit unerwarteten Besuchern: der neue Unterpräfekt, glaube ich, und zwei oder drei andere Männer in dunklen Anzügen, die feststellen, dass Unterricht stattfindet; das hatten sie wohl gar nicht mehr erwartet.

Sie fragen mich, ob ich Journalistin sei. Nein: Philosophin. Ich frage sie, ob's denn einen Schulbus gäbe. Sie ziehen ab.

In dem, was vom Dschungel von Calais übrigbleibt und auch im neuen Lager von Grande-Synthe – es handelt sich hier um eine neue

Form von Lager – dort ist man nicht in Frankreich (⟶ Supplement 10 »encamp(e)ment«).

Zunächst, weil man nirgendwo ist. Hier ähnelt nichts dem, was wir »bei uns (daheim)« kennen. Weder *Bidonville* noch Campingplatz noch *no man's land*, denn *man* gibt es hier.

Und wenn man überhaupt irgendwo ist, dann in England.

Alles auf Englisch, Jungle books, Jungle library, Jungle school, Laundry, Clothes, No Justice, Liberty – und die neuen Holzhütten in Grande-Synthe sind *shelters*. Abgesehen vom Englischen andere unbekannte Sprachen, in denen Informationsbroschüren verfasst sind: Kurdisch, Paschtu, Urdu, Arabisch, Farsi; Sprachen, die von den ehrenamtlichen Helfern und Hilfsorganisationen, die sich hier selbstlos einbringen, meistens nicht verstanden werden (⟶ Supplement 11 »*jungles* – لگنج, (New) Jungle, Dschungel«).

Englisch auch aus einem französisch-bürokratischen Grund. In dem neuen, internationalen Normen entsprechenden Lager in Grande-Synthe, für das der Bürgermeister Damien Carême gekämpft und für das die Regierung dann auch im Juni 2016 die Finanzierung zugesagt hat, sind Elektrizität und Schule aus bürokratischen Gründen untersagt. Ich nehme an, damit keine dauerhafte, feste Ansiedlung daraus wird. Ein Übergangs-Lager. Die internationalen Sicherheitsvorgaben, die Beschränkungen, die so kostspielig wie berüchtigt sind, wären sowieso nicht mehr dieselben.

Bleibt nicht da. Ihr seid da, ohne da zu sein. Ihr seid da, um nicht mehr da zu sein.

Existieren? Sogar leben? Wie soll das gehen, wenn ihr nicht da seid?

Wie Licht machen? Wie sich aufwärmen? Wie sich etwas zu essen machen? Man verteilt hier eine warme Mahlzeit am Tag und ein paar Taschenlampen. Beides reicht natürlich nicht aus. Selbstverständlich greifen die Verlagerten auf Kerzen, auf Petroleum- oder Gaslampen zurück. Viel zu gefährlich? Schon, aber die Verantwortlichkeit wechselt: Es ist nicht mehr die des Staates, der, wenn er die Augen öffnete, abreißen müsste. Absurd? Absurd.

Aber so ist das immer mit der Bürokratisierung von Verantwortung. In der Nähe meines Hauses, am Meer, installiert man keine Leiter auf den Felsen am Kai, weil die Gemeinde dann für Unfälle verantwortlich würde, und das Schild »Schwimmen verboten«, das selbst bei schönem Wetter dort hängt, zeigt an, dass es die eigene Schuld ist, wenn man ertrinkt. »Halten geduldet«: Dieses Schild in meiner Straße stürzt mich stets in abgrundtiefe Ratlosigkeit.

Aus demselben Grund darf es dort keine Schule mehr geben: Es wäre dann kein Übergangs-Lager mehr. Also übernehmen es zwei sehr altmodische Engländerinnen, Konversationskurse für Erwachsene anzubieten, um deren Englisch zu verbessern, das sie brauchen werden, wenn sie nicht mehr da sein werden. Die beiden Engländerinnen beenden großzügigerweise jede Sitzung, indem sie eine Französin bitten, die letzten Minuten zu übernehmen, weil man doch in Frankreich sei. Wenn es keine *École de la République* gibt, dann eben englische Wohltätigkeit. Wir werden sehen, was der Brexit ändert.

Und für die Kinder gibt es ein Zelt, das es laut Gesetz nicht geben darf, das durch www.edlumino.org, einem gewissen Ed Lumino, ins Leben gerufen wurde, der, wie böse Zungen behaupten, als Lehrer für englische Verhältnisse etwas zu hart durchgegriffen hat, aber jedenfalls weiß, wie man Spenden sammelt.

Warum auf der Sprache bestehen? Ich fragte mich, bevor ich es selbst gesehen habe, wobei ich nur einen ach so kleinen Teil gesehen habe, warum die »Migranten« alle rüber wollen. Wo man doch in Frankreich Aufnahmemöglichkeiten einrichtet: in den Regionen, auf dem Land, in Dörfern und Städten.

Ein Lager – inklusive Kinder, das muss man wissen – erwacht gegen Mittag, da nachts alle versuchen rüber zu kommen. Frankreich existiert nämlich nicht; das einzig wirklich Sichtbare von Frankreich, das die Verlagerten mitbekommen, besteht im Abreißen, Verbrennen, Tränengas Sprühen und manchmal im Zuschlagen. Sie sind alle schon in England, ohne jedoch dort zu sein. Und ohne dass ihre Existenz dort in irgendeiner Weise sicherer wäre: prekäre Schwarzarbeit, eine heruntergekommene Behausung – diejenigen, die rübergekommen sind, schicken häufig wenig ermunternde Fotos, aber sie sind wenigstens irgendwo. Irgendwo.

Keine Frage, dass es auch großartige französische Freiwillige gibt, die – wie *Utopia 56*, *L'Auberge des migrants* – Tag und Nacht daran arbeiten, das Leben hier überhaupt möglich zu machen. Ich meine vielmehr, dass keine offizielle Instanz es für die »Migranten« auch nur im Geringsten erstrebenswert erscheinen lässt, in Frankreich zu bleiben; keine, die dazu das Recht hat oder sich dazu das Recht herausnehmen würde. Unbewohnbares *No man's land* voller Leute.

Es ist keine einfache Situation. Man weiß es, man spürt es, und ich habe keine Lösung anzubieten.

Aber das Absurde ist da. Es besteht darin, dass ein *Lager* Leute festhält, die da sind, ohne da zu sein. Sie sind dort nicht gewünscht, und sie wünschen nicht, dort zu sein. Genau das ist der Widerspruch, dem man sich stellen muss; genau dieser Widerspruch strukturiert die Absurdität der Gesetze und Vorschriften.

Das Symptom: keine Elektrizität, keine Schule; und die Folgen: Kerzen, Petroleum und eine englische *Ersatz**-Bildung. Für alles gibt es eine Vorschrift; ein Recht hierauf, aber nicht darauf, sogar ein Recht darauf und *kein* Recht darauf. Licht/kein Licht. Schule/keine Schule. In einer derartigen Lage kann es nicht *nicht* dazu kommen, dass sich eine Mafia bildet – es gibt eine Mafia, um jede Vorschrift zu umgehen und Zugang zu etwas zu bekommen. Zur Mafia kommen die Schleuser hinzu: unmöglich/möglich rüber zu kommen. Ganz zu schweigen von den Frauen, von denen es in dieser Welt der Männer nur wenige gibt und die man zu ihrem Glück/Unglück nicht sieht – in Grande-Synthe kommen gerade 106 auf 1300 –, sie sind doppelt ausgelagert. Und wir sprechen noch nicht einmal von den ethnischen Konflikten, die nicht geschlichtet werden können, weil es keine Orte der Vermittlung gibt, wo sie aufgefangen werden könnten.

Das Absurde besteht vor allem darin, dass es sich, obwohl die Situation von allen Seiten her unlösbar scheint, trotzdem insgesamt um nur wenige Menschen handelt, wenige Männer, Frauen und Kinder. Ein Kontinent wie Europa könnte sie problemlos integrieren, so wie es Amerika in ganz anderem Ausmaß mit den Europäern, den Vertriebenen, den Armen, den Migranten getan hat. Man spürt, dass das, nur diese da, leicht zu bewältigen sein müsste.

Zwei Leitsätze verhindern das.

Erstens: Sie wollen uns das bisschen Arbeit, das wir haben, unser tägliches Brot wegnehmen.

Zweitens: Wenn wir sie integrieren, erzeugt das eine Sogwirkung, und das ganze Elend der Welt versammelt sich bei uns. Seid vernünftig, wir können sie nicht aufnehmen.

Was drückt sich in diesen Gemeinplätzen aus? Die bestürzten Expert*innen haben bewiesen, dass sie falsch liegen, ziemlich falsch, ganz falsch, von Land zu Land in einer anderen Art und Weise falsch (für Frankreich mit einer höheren Geburtenrate anders als in Deutschland z.B.). Zu sagen, dass der Kapitalismus dafür verantwortlich ist, überzeugt nicht sonderlich, auch wenn es plausibel ist und sogar mehr als wahr – aber angesichts des Zustands der Welt nicht wirksam genug.

Der Argwohn ist stets derselbe, wie wenn man als Kapitän nicht das geltende Seerecht befolgt, sondern die Vorgaben von Frontex respektiert, »jene« ertrinken zu lassen. Wie wenn man »die« auf der Straße schlafen lassen muss, um eine Heimat (*chez-soi*) zu wahren (→ Supplement 12 »Heimat/Lager«). Das sind – aber nein, das sind nicht Menschen wie ich (→ Supplement 13 »Homme«). Die Griechen nannten diese Andern Barbaren, allerdings mit der Idee, dass sie sich selbst barbarisieren würden, wenn sie den Andern nicht die Mittel zur Verfügung stellten, ihre Sprache und Kultur zu teilen, wenn sie sie nicht erziehen würden (→ Supplement 14 »barbarische Sprache«). Die Beziehung zum Anderen hat viele Namen: Abstoßung, Sklaverei, Kolonialisierung, Nächstenliebe, Akkulturation, Integration. Aufnahme, Gastfreundschaft, Öffnung, Gegenseitigkeit, Erfindungsreichtum sind ebenfalls allzu banale Optionen, die zu wählen in unserer Macht stehen.

Offensichtlich will niemand wissen, daß die Zeitgeschichte eine neue Gattung von Menschen geschaffen hat – Menschen, die von ihren Feinden ins Konzentrationslager und von ihren Freunden ins Internierungslager gesteckt werden.[4]

Pántes ánthrôpoi tou eidénai orégontai physei, »alle Menschen streben von Natur nach Wissen«.[5] So also am Ende dieses Textes der erste Satz der *Metaphysik* des Aristoteles, der mir der am wenigsten abstoßende unter den allgemeingültigen, den universellen, erscheint. Man muss ihn zu komplizieren verstehen, die Definition jeder seiner Teile variieren. Ein Mensch? Wissen? Von Natur? Streben? Alle? Und man muss bei mehr als einer Bedeutung innehalten, so dass jeder in Ausübung seiner Urteilskraft wähle.

Und du, du musst es ertragen, Maß zu sein. (→ Supplement 15 »Ertragen, das Maß zu sein«)

---

4 Hannah Arendt, »Wir Flüchtlinge« (1943), in: dies., *Zur Zeit. Politische Essays*, hg. v. Marie-Luise Knott, übers. v. Eike Geisel, Hamburg 1999, S. 7–22, hier S. 9.

5 Aristoteles, *Metaphysik*, Griechisch-Deutsch, übers. v. Hermann Bonitz, Hamburg 1989, S. 1.

Supplemente

1 »Genius der Sprachen«

Génie des langues ist ein französischer Ausdruck, den Cassin aus diversen aufklärerischen Sprachursprungstheorien des 18. und 19. Jahrhunderts aufgreift, um sich dezidiert gegen ihn zu wenden. Sie zeigt, wie daran nationale und nationalistische Vorstellungen von identitärer Verwurzelung haften, die sich hartnäckig bis in unsere Gegenwart hinein halten. *Génie des langues* behauptet stets die Reinheit und Superiorität einer Sprache und Kultur gegenüber anderen, an der nicht zuletzt auch immer große Männer und Autoren beteiligt waren: Dante für das Italienische, Luther für das Deutsche, Chaucer für das Englische ... eine Verschmelzung aus »Natur der Sprache« und »Dichtergenie«, ein Magma aus Poetik und Linguistik zur Formulierung eines politischen Sprachmythos (Meschonnic). Mit Jean-Pierre Lefèbvre bezeichnet Cassin derartige Vorstellungen als »nationalen Ontologismus«.

Auch wenn Cassin den Begriff bei französischen Autoren wie Rivarol, Condillac und Rousseau aufgreift (»la clarté française«, die Meschonnic als politischen Mythos entlarvt), so wendet sie ihn doch vor allem gegen eine Vorstellung, die sie insbesondere an der deutschen Philosophie, vor allem bei Herder bis Heidegger, kritisch diagnostiziert. Wir haben uns daher übersetzerisch für den bei Herder wiederholt auftauchenden Ausdruck »Genius der Sprache« entschieden: »dasz sich der genius eines volks nirgends besser als in der physiognomie seiner rede offenbaret« (Herder, Ideen 2, 236 (9,3); »der genius der sprache ist also auch der genius von der literatur einer nation« (Herder fragm. 1,20).

(Erika Mursa, Übersetzerin des Vorworts der 1. Auflage des *Vocabulaire européen des philosophies. Dictionnaire des intraduisibles* (https://journals.openedition.org/trivium/4730), hat »génie des langues« wörtlich mit »Genie der Sprachen« übersetzt.)

Für Cassin stellt die Vorstellung vom *génie des langues* die diametrale Gegenposition zum sprachindifferenten logischen Universalismus dar. Beide Positionen sind Ideologien, von denen sich ihr übersetzungstheoretisches Denken ausgehend von den »Unübersetzbaren« zu verabschieden sucht. Wobei dieses immer noch viel näher an die spezifischen Spracheigentümlichkeiten einer jeden Einzelsprache rührt, als es ins Universelle streben würde. Insofern ist der *Genius* auch jener *daimon*, von dem Cassins »Unübersetzbare« immer noch heimgesucht zu werden drohen.

Cassin weiß darum und muss sich gerade deshalb immer wieder von Neuem dagegen absetzen. Es ist ein schmaler Grat, auf dem sie sich bewegt. Denn ihre Absetzbewegung erfolgt nicht offen polemisch, wie etwa bei Adorno, der Heideggers Sprachessentialismus des »Jargons der Eigentlichkeit« bezichtigt hat. Sie geht eher dekonstruktivistisch, d.h. erfinderisch und trickreich vor. Sie schmiegt sich bauchrednerisch an, um dann einen anderen Haken zu schlagen. Damit gewinnt sie nicht zuletzt dem »Genie«-Begriff, der ja auch die Erfindungsgabe adressiert, noch eine Qualität ab.

Eine wichtige Strategie in diesem Hakenschlagen ist insistierendes Übersetzen, gerade an jenen vermeintlich unübersetzbaren Stellen, die andernfalls zur essentialistischen Unübersetzbarkeit gerinnen würden. Anschließend an diese Geste und supplementär müsste auch das Wort »Genie« einer solchen Operation unterzogen werden, um das Paradox herauszuarbeiten, dass das Wort »Genie« quasi unverändert durch die Sprachen wandert und zugleich in jeder Sprache die jeweilige geniale Eigentümlichkeit noch zu behaupten in der Lage ist. Was heißt: Gerade das Wort »Genie« gehört keiner Einzelsprache kongenial an, es bleibt unübersetzt, um sich in jeder Sprache, auf die es sich bezieht, als selbstreflexives Alleinstellungsmerkmal zu gerieren.

Vielleicht hat Herder etwas von dieser nomadisierenden Dynamik im Wort des Genies gespürt, weshalb er, gleichsam zur Abwehr, auf den latinisierten, ursprünglicheren, gefestigteren »Genius« zurückgegriffen und diesen »Genius« an eine singuläre Sprache geheftet hat. Dadurch ist aber ein neues Paradox entstanden, nämlich dass die deutsche Sprache in ihrer behaupteten »Eigentümlichkeit« lateinisch klingt. Wir hingegen haben uns für ein Hybrid entschieden, das anders paradox bleibt: der lateinische Ausdruck heftet sich im Genitiv an eine Pluralität von Sprachen, die vor allem gegen eine lateinische Universalität steht.

Judith Kasper

2 »donation«

Barbara Cassin benutzt dieses Wort dreimal zur Markierung einer mit dem Namen Martin Heidegger besetzten Art des Sprachdenkens, von der sie sich abzusetzen sucht, während sie jedoch ihr eigenes Anliegen zu diesem Sprachdenken – mitsamt seiner Gefahren – unausweichlich hingezogen sieht. Ist es eine – mit jeder Selbstverständlichkeit des Wesens des Menschens brechende – Aneignung des *homo-mensura*-Satzes, durch die Cassin, die Pragmatik dem Sein entgegenstellend, mit einer Ideologie der Treue, der Ursprünglichkeit und damit einhergehender geschichtliche Herrschaftsverhältnisse bekräftigende Hierarchisierungen der Sprachen zu brechen versucht, so ist es gerade die Heidegger'sche Struktur des Maßnehmens zwischen Sein und Sprache, welche den Bruch mit dem instrumentellen Sprachverständnis erlaubt. *Donation* – das übersetzt nicht nur den Husserl'schen Zentralbegriff der *Gegebenheit* (*Ideen I*),[1] sondern auch das Heidegger'sche »Geben«, die »Schickung«, das das Geschichtliche gründende »Geschick« als Wirken des Ereignisses. Vor diesem Hintergrund haben wir *donation* jedesmal etwas unterschiedlich übersetzt: Die Formel von der »Gebung« des Seins in der Sprache charakterisiert Heideggers nicht-instrumentelles Sprachverständnis allgemein. Die Übersetzung »geschichtliche Gegebenheit« für *donation historiale* streicht demgegenüber hervor, dass Heideggers Sprachverständnis von einer Orientierung an konkreten historischen Fakten wie der griechischen

1 Edmund Husserl, *Ideen zu einer reinen Phänomenologie und Phänomenologischen Philosophie. Erstes Buch. Allgemeine Einführung in die reine Phänomenologie*, in: *Husserliana*, Bd. 3.1, hg. v. Karl Schuhmann, Den Haag 1976, S. 11, 91–94.

Begründung der Philosophie abhängt, welche ihn zur Reproduktion bestimmter Hierarchien führt. Im dritten Fall betont der Ausdruck »Geschick« die schicksalhafte Vernotwendigung einer sprachlich-philosophisch-historischen Konstellation, von der Cassin sich abgrenzt.

In kritischer Absicht benennt Cassin die Gefahr, dass die Gründung des Seinsverständnisses in einem Zuspruch der Sprache als dem Haus des Seins umgekehrt die Sprache durch Festschreibung auf diese Aufgabe zurichtet, in einem Gewaltakt gegen ihre Pluralität, Wandelbarkeit und Pragmatizität; insofern die philosophischen Begriffe, die Universalien, ja das Sein in der Anlage ihres Denkens der Unübersetzbaren jedoch auch für sie nur durch ein Ereignis und zwar in der Sprache zu verstehen *gegeben* werden, ist sie Heideggers Ereignisdenken verbunden.

Donation – das ist zunächst im geläufigsten französischen Sinn die Gabe, die Schenkung, die sich zumindest dem Schein nach jedem allgemeinen, gesetzlichen Anspruch entzieht, die Ereignis ist, das heißt Singularität, die sich für das Allgemeine des Begriffs *nicht* zu verstehen gibt. Als *complication* des Universellen markiert die *donation* sowohl Zerbrechen und Erschütterung als auch Begründung und Legitimation der Geltungsansprüche des auf Universalien beruhenden Denkens.

So zerbricht die Gründung im singulären Ereignis das philosophische Selbstverständnis der Universalität des Begriffs: Wenn Cassin etwa mit Heidegger den Begriff auf das Wort zurückverweist, so radikalisiert sie dieses Zerbrechen noch, weil sie konsequenter als Heidegger auch die Einheit des Wortes infrage stellt und die philosophische Allgemeinheit aufreibt am Auseinander der Sprache(n), am Auseinander der signifikanten Differenzen und am Ineinander der Äquivokationen, am Auseinander und (oft übersetzerischen) Durchdringen der Einzelsprachen. In dieser Weise bricht die *donation* der philosophischen Begriffe mit jeder großgeschriebenen Wahrheit ihrer Universalität im Sinne einer Übereinstimmung mit dem, was sie selbst begründet:

> Le *Dictionnaire des intraduisibles* est barbare, sophistique, humboldtien. Ces trois prédicats compliquent l'universel, c'est-à-dire le rapport de la philosophie à la Vérité majuscule.[2]

> Das Wörterbuch der Unübersetzbaren ist barbarisch, sophistisch, humboldtianisch. Diese drei Prädikate komplizieren das Universelle, das heißt den Bezug der Philosophie auf die großgeschriebene WAHRHEIT.

Es bleiben relative und pragmatische Begriffe kleingeschriebener Wahrheit: »enough of the truth for«, wie etwa Cassin die Arbeit der südafrikanischen Wahrheitskommission zu beschreiben versucht.[3]

Heidegger treibt die mit jedem Verständnis des Seins als leerer Allgemeinheit brechende Singularität des das Sein zu verstehen gebenden Ereignisses sogar noch weiter: zur Einzigkeit, *unicité* mehr noch als *singularité*. Einzigkeit des Anfangs der Philosophie, die »Einzigkeit« Hölderlins für den »anderen Anfang«,[4] auch: die »Einzigkeit des Nationalsozialismus«.[5] Dies bedeutet jedoch nicht, dass jeder Ausgang von der Singularität eines Ereignisses dazu verurteilt wäre, diese Art des Nationalismus und Partikularismus zu wiederholen (einschließlich der Sonderstellung gewisser Sprachen, wie etwa des Deutschen in seiner Zwiesprache mit dem Griechischen bei Heidegger, eine Sonderstellung, von der Cassin nicht müde wird, sich abzugrenzen). Denn der Bezug aufs *je*weils die Universalität gründende Ereignis ist stets auch Bezug auf *je*des solches Ereignis. Ein Aufgeben des Heidegger'schen Partikularismus und eine Öffnung des Ereignisses auf die Vielheit der erlernbaren Sprachen – für die bei Cassin Humboldt gegen Heidegger

---

2 Cassin, *Éloge de la traduction,* S. 177.

3 Ebd, S. 151.

4 Martin Heidegger, *Beiträge zur Philosophie (Vom Ereignis)*, in: *Heidegger Gesamtausgabe*, Band 65, hg. v. Friedrich-Wilhelm von Hermann, Frankfurt a.M. 1989, S. 6, 55, 411, 422.

5 Martin Heidegger, *Hölderlins Hymne »Der Ister«* (Sommersemester 1942), in: *Heidegger Gesamtausgabe*, Band 53, hg. v. Walter Biemel, Frankfurt a.M. 1984, S. 106.

einsteht –, der Menschen, der Dinge und die Wendung des Ereignisses einer Übersetzung zur kontinuierlichen Tätigkeit der *energeia* ist stets möglich gemäß der Ordnung des sich – im Gegensatz zum *tous* – vom Einzelnen aus allen zuwendenden *chaque* statt des *tous* (vgl. S. 35 im Band). Das singuläre Urteil über einen beliebigen ist in seiner Form vom universellen Urteil über den Menschen und jeden Menschen nicht zu unterscheiden. Das »Siegel Adams«, welches im babylonischen Talmud, Sanhedrin 37a, das ethische Handeln gegenüber einem beliebigen einzelnen Menschen als Bezug auf die ganze Menschheit zu verstehen erlaubt, ist den Menschen so schon logisch eingeprägt.

Doch es gibt ein anderes mögliches universalistisches Verständnis des Ereignisses als eine solche nachträgliche Entpartikularisierung durch seine Wiederholbarkeit. Zumeist versteht Cassin das Universelle als einen falschen Schein, den sich selbst zu geben Wesen der Philosophie ist. Doch sie erkennt auch zumindest eine außerphilosophische *Gegebenheit* an – gleich der im Gedicht gegenwärtigen Geteiltheit jeder Sprache, der Idealität mathematischer Objekte oder die universellen Ansprüche in der Konstitution einer politischen Gemeinschaft für Alain Badiou –, welche in sich selbst eine universelle Form trägt und so als Referent der Philosophie deren Universalitätsanspruch fundiert: den Menschen (→ Supplement 13 »Homme«). So bezieht sie Aristoteles ein sophistisches *homo mensura* unterschiebend seine Metaphysik zurück auf die in deren ersten Satz gegebene Bestimmung des Menschen (»Alle Menschen streben von Natur nach Wissen«) als Begründung einer Gemeinschaft der Menschen, einer universellen Gemeinschaft der Kultur und Bildung, welche selbst nicht Gegenstand der Metaphysik, sondern ihre den Universalien ihr Maß *gebende* Voraussetzung ist und welche ihr als »am wenigsten abstoßend« (S. 87 in diesem Band) unter den Universalien erscheint.

Jonathan Schmidt-Dominé

3 »ergon und energeia«

Hier, wie auch an anderen Stellen ihres Werkes, verweist Cassin auf die Unterscheidung zwischen *ergon* und *energeia*, die Wilhelm von Humboldt in seiner Spätschrift *Ueber die Verschiedenheit des menschlichen Sprachbaues und ihren Einfluss auf die geistige Entwicklung des Menschengeschlechts* (1836) trifft. Sie ist keine beständige, monumentale Teilung, sondern sie kommt an einer präzisen und lokalen Stelle zum Einsatz, ist eine ephemere, kurz und vorübergehend in Anschlag gebrachte Differenzierung. Im Abschnitt *Form der Sprachen* taucht sie zunächst in der Formulierung auf, man müsse »die Sprache nicht sowohl wie ein todtes Erzeugtes, sondern weit mehr wie eine Erzeugung ansehen«,[1] ehe Humboldt anschließend noch einmal darauf zurückkommt und schreibt:

> Die Sprache, in ihrem wirklichen Wesen aufgefasst, ist etwas beständig und in jedem Augenblicke Vorübergehendes. Selbst ihre Erhaltung durch die Schrift ist immer nur eine unvollständige, mumienartige Aufbewahrung, die es doch erst wieder bedarf, dass man dabei den lebendigen Vortrag zu versinnlichen sucht. Sie selbst ist kein Werk (*ergon*), sondern eine Thätigkeit (*energeia*). Ihre wahre Definition kann daher nur eine genetische seyn. Sie ist nemlich die sich ewig wiederholende Arbeit des Geistes, den articulirten Laut zum Ausdruck des Gedanken fähig zu machen. Unmittelbar und streng genommen ist dies die Definition des jedesmaligen Sprechens; aber im wahren und wesentlichen Sinne kann man auch nur gleichsam die Totalität dieses Sprechens als die Sprache ansehen.[2]

Die Unterscheidung hat aber noch eine weitere Hinführung: Humboldt möchte verschiedene Sprachen im Hinblick »auf ihren charakteristischen Bau fruchtbar miteinander [...] vergleichen« und muss

---

1 Wilhelm von Humboldt, *Schriften zur Sprachphilosophie,* in: *Werke in fünf Bänden. Band III*, hg. v. Andreas Flitner u. Klaus Giel, Darmstadt 1988, S. 416.

2 Ebd., S. 418.

daher »der Form einer jeden derselben sorgfältig nachforschen«. An dieser Stelle stößt er jedoch auf eine Schwierigkeit und muss eine methodische Bemerkung einschieben: »Da aber dieser Ausdruck der Form in Sprachuntersuchungen in mehrfacher Beziehung gebraucht wird, so glaube ich ausführlicher entwickeln zu müssen, in welchem Sinn ich ihn hier genommen wünsche«,[3] woraufhin das obige Zitat erscheint.

Die Unterscheidung drängt sich Humboldt in dem Moment auf, da er im Deutschen an eine Mehrdeutigkeit stößt, die ihm eine Ausdifferenzierung notwendig macht: Was ist Form? Sie ist Geformtes, aber auch Formendes – eine komplexe Verschränkung, die die gesamte Reflexion Humboldts durchzieht. Insofern Form geformt worden ist, folglich in einem resultativen Sinn verstanden wird, ist sie *ergon;* insofern sie selbst formt, aktivisch und hervorbringend, ist sie *energeia. Ergon* und *energeia* wären somit Hinsichten, die Humboldt in der deutschen *Form* als semantische Aspekte wirken sieht und sich im Rückgriff auf das griechische Begriffspaar am treffendsten ausdrücken lassen. Diese Geste ist zugleich öffnend und schließend. Öffnend, da es das deutsche Paar verdoppelt und übersetzend eine Bresche schlägt, die aus der deutschen Sprache und ihren Begrifflichkeiten herausführt, und auf einen Kontext leitet, der andere Konstellierungen und Nachbarschaften mobilisiert. Und tatsächlich zeugt gerade Cassins Verwendung von dieser Öffnung, insofern sie in ihren Bezugnahmen auf Humboldt nicht von *Werk* und *Thätigkeit* bzw. *ouvrage fait* und *activité en train de se faire* spricht, sondern von *ergon* und *energeia*, die bei Humboldt in Klammern stehen. Bei solchen Klammerausdrücken ist immer in bestimmtem Maße ungewiss, in welche Richtung sie zu lesen sind. Denkt Humboldt das Verhältnis grundsätzlich in Begriffen von *ergon* und *energeia* und führt nur zum besseren Verständnis das deutsche Paar an? Oder denkt Humboldt umgekehrt vom Deutschen, von der Unterscheidung *Werk/Thätigkeit* her, die durch die griechischen Begriffe philologisch verlängert und an eine antike Tradition

3 Ebd. S. 417f.

zurückgebunden wird? Aufgrund des philosophischen Prestiges der griechischen Sprache tendiert das deutsche Begriffspaar hinter dem griechischen zu verschwinden. Die Klammerzusätze bewirken also hier, nicht zuletzt aufgrund der etymologischen und klanglich eingängigen Verbindung zwischen *ergon* und *energeia*, das deutsche Begriffspaar zu überlesen.

Die etymologische Nähe zwischen *ergon* und *energeia*, die beide auf das Verb *energein* zurückgehen, ließe sich nicht zuletzt wiederum übersetzen mit *Werk* und *Ins-Werk-Setzen*. Letzteres als das Bewirken, welches das Werk (das noch keines ist) ins Werk setzt. Für die Übersetzungstheorie ist das besonders relevant. *Energeia* und *ergon* stehen sich nicht wie Prozess und Ergebnis – oder auch Tätigkeit und Werk – gegenüber, wobei die Errungenschaft des *ergon* die Wirksamkeit einer notwendig vorangehenden *energeia* bezeugte, während sich die *energeia* im *ergon* aufhöbe und zum Erliegen käme. Vielmehr macht die gegenseitige Nähe von *ergon* und *energeia* darauf aufmerksam, dass das Übersetzen niemals etwas anderes als – und sich selbst niemals anders als durch – *erga* produziert, weil es immerzu Wörter miteinander konstelliert, die es entweder schon gibt oder die sich ausgehend von anderen Wörtern bilden. *Energeia* wäre somit eher das Wirksamsein einer deterritorialisierenden Kraft innerhalb der *erga,* die für jedes *ergon* offenhält, noch etwas anderes zu sein. Am Beispiel dieser Begriffe selbst: Ja, *ergon* ist *Werk*, aber in *Werk* ist – als Übersetzung von *ergon* – auch *Leistung, Handlung* oder *Tat* mitanwesend: Sie umstellen das deutsche Wort *Werk*, sofern es als Übersetzung von *ergon* ins Auge gefasst wird. Ebenso für *energeia:* Sie ist *Operieren, Handeln, Wirken* und *Verrichten* – und diese Übersetzungen sind dem deutschen *Ins-Werk-Setzen*, mit dem ich übersetze und hier verfahre, nicht äußerlich. Unterhalb der Schwelle der Repräsentation und der Kristallisation der Schrift, die sich für ein *ergon* entscheidet, bleibt die *energeia* folglich als eine Unruhe wirksam, die fortwährend weitere Oppositionen und Konstellierungen hervortreibt. Um jedes *ergon* bildet sich somit ein Vorhof wimmelnder Mikro-*erga*, die das Repräsentierte heimsuchen und umstellen, relativieren, verschieben und weiterübersetzen.

Christoph Roeber

4 »Zwei Fetische mit einer Klappe schlagen«

Cassins essayistische Prosa ist durchsetzt von Sprachwitz, inspiriert durch die Sophisten, deren rhetorisches Geschick sie genau kennt, inspiriert auch durch Lacan, den sie als den modernen Sophisten versteht. Sprachwitz verdankt sich in aller Regel einer engen und spannungsvollen Bindung des Gedankens an den Wortlaut in einer bestimmten Sprache. Sprachwitz zu übersetzen, ohne ihn zu verlieren, ist eine der größten Herausforderungen. Sie grenzt ans Unmögliche.

Wenn Cassin sich hier auf Austins Sprechakttheorie bezieht, um den für ihre eigene Theorie so wichtigen performativen Zug von Sprache zu unterstreichen, zitiert sie Austin in französischer Übersetzung, die allerdings (wie im Übrigen auch die deutsche von Eike von Savigny) ein im Argumentationszusammenhang entscheidendes Wortspiel unterschlägt. Die übersetzerische Arbeit an Cassins Essay legte die Stelle bei Austin wieder frei und erforderte eine Neuübersetzung auf der Höhe des theoretischen Anspruchs, der von Cassins Schriften ausgeht.

Bei Austin heißt es:

> They are, however, quite enough to play Old Harry with two fetishes which I admit to an inclination to play Old Harry with, viz. (1) the true/false fetish, (2) the value/fact fetish.[1]

Der idiomatische Ausdruck »to play Old Harry with« ist in der französischen Übersetzung als »mettre en pièces«, in der deutschen Übersetzung als »erledigen« wiedergegeben. Damit wird aber eine

1 John Austin, *How to do things with words*, Oxford 1962, S. 150.

entscheidende Pointe verschenkt. Der Ausdruck »to give or to play Old Harry with« wird in *Green's Dictionary of Slang* (bezugnehmend auf Nares, *Glossary* (1822)) beschrieben als »formerly applied satirically to Henry the Eighth« und ist im Zeitraum von 1806–1934 mit den Bedeutungen: »to play the Devil with«, »to make mischief«, »to tease or scold« vermerkt. Mit »to play Old Harry with« ist also eine gewitzte und listige Strategie gemeint, mit dem Tyrannen umzugehen. Wenn nun Austin der Tyrannei des wahr/falsch-Fetisch und dem Sein/Sollen-Fetisch entrinnen will, dann gelingt ihm das nicht, indem er die beiden Fetische »erledigt«, »totschlägt« (denn Fetische kehren als Phantasmen nur umso mächtiger wieder), sondern er muss sie listig gegeneinander ausspielen. Die englische Redewendung hier als »zwei Fliegen mit einer Klappe schlagen«» zu übersetzen, ist der Versuch, das Listige, auf das es letztlich Cassin ankommt, wieder stärker in den Vordergrund treten zu lassen.

Ingo Ebener

5 »compliquer l'universel«

Das Universelle komplizieren, ihm seine Selbstverständlichkeit nehmen, es in eine vertrackte Verbindung zu dem, das nicht selbst das Universelle ist, stellen – diese Formel aus der *Energie der Unübersetzbaren* wählte Barbara Cassin auch als Untertitel für den 2016 erschienenen Band *Éloge de la traduction*, durch dessen Aufsätze sich die Formel leitmotivisch zieht. Doch schon ausgehend von dem hiesigen ersten, fast beiläufigen Gebrauch der Formel lassen sich zumindest drei Ebenen unterscheiden, auf denen diese Verzwickung des Universellen operiert:

1) Cassin führt zunächst zwischen den philosophischen Kategorien der Quantität wie dem Einzelnen, dem Besonderen und dem Allgemeinen *bzw.* dem Universellen eine Wechselbeziehung ein, welche diese Kategorien selbst in Bewegung setzt und auf das ihnen je

Entgegengesetzte verweist: Nicht dialektisch in dem Sinne Hegels, der in der *Wissenschaft der Logik* zu zeigen sucht, wie das traditionell als Charakteristik des Begriffs angesehene Moment der Allgemeinheit erzwingt, die Besonder*heit* und die Einzel*heit* des Begriffs als aus der Setzung der Allgemeinheit hervorgehend mit zu denken; aber sicherlich auch nicht undialektisch, wenn sie erklärt, wie jedes beanspruchte »Universel« zu wenden ist in ein bestimmt*es,* besonder*es,* einzeln*es* »universel«,[1] zum Beispiel indem es begriffen wird als jemandes Universelles und Universelles einer Situation zu einem bestimmten Zweck.

2) Durch Einfügung in eine Reihe von *singulier* und *particulier* sowie *général* und *universel* wirft Cassins Text zugleich die Frage auf, wie das Universelle nicht einfach an sich, sondern von dieser differentiellen Bestimmung her zu verstehen ist, von einer Reihe aus, die selbst wiederum unübersetzbar ist, insofern sie in keine endgültige Deckung etwa mit entsprechenden Reihen im Deutschen zu bringen ist, welches mit Einzelheit, Besonderheit und Allgemeinheit eine germanische Reihe neben der lateinischen von Singularität, Partikularität und Universalität kennt. Das Herausgreifen des Universellen als dasjenige Schlagwort, das der Operation der *complication* zu unterziehen ist, kompliziert es zunächst unmittelbar, indem es die beiläufige Verknüpfung des *et* zwischen *général* und *universel* verunsichert: Darf das Universelle nun für die austauschbaren Begriffe von Allgemeinem und Universellem stehen oder erweist sich das Universelle als ein Begriff, der gerade in Absetzung von und Überschreitung der Allgemeinheit seine *kompliziertere* Rolle einnimmt? Aus der lateinisch-scholastischen Tradition lässt sich die Differenz zunächst als eine des Umfangs beschreiben: Ist zwar jedes *genus* universell, so ist doch nicht alles Universelle auch ein *genus*: Das Seiende, insofern es von vielem ausgesagt wird, ist Universalie, doch sagt es – im Anschluss an Aristoteles' *Metaphysik* – keine Bestimmung aus, kein Gemeinsames und ist damit selbst eben keine Gattung oder Spezies, universeller als alles

1 Barbara Cassin, *Éloge de la traduction*, S. 153; Alain Badiou u. Barbara Cassin, *Homme, femme, philosophie*, Paris 2019, S. 171.

Allgemeine und dennoch nicht einfach leer, sondern strukturiert durch die Vielheit der Transzendentalien. Diese strikte Unterscheidung von Allgemeinheit und Universalität wurde beispielsweise von Deleuze – regelmäßiger Bezugspunkt für Cassin – zu neuem Leben erweckt.[2] So versteht er etwa die spinozistische Differenzierung in unendlich viele Attribute Gottes wie das Auseinander und Nacheinander in Raum und Zeit sowie das Bestimmungs- und Differenzverhältnis der Begriffe im Denken als Ausdruck des Universellen des Seienden. Das Universelle in diesem Sinn ist nichts anderes als die Freisetzung einer Vielheit jenseits der hierarchischen begrifflichen Bestimmungen durch Gattung und Art, durch Allgemeines und Spezifisches. Gleichzeitig handelt es sich jedoch nicht um eine bloß durch den Ausnahmecharakter des Begriffs des Seienden auftretende Komplikation, vom Wechselverhältnis von Universalität und Vielheit lässt sich auch jeder Begriff, jede Allgemeinheit in einem neuen Licht jenseits der bloßen allgemeinen und besonderen Bestimmungen betrachten. Wenngleich Cassin zunächst eine kritischere Einstellung zum Begriff des Universellen selbst einnimmt, zeigt sie etwa in ihrem in *Homme, femme, philosophe* veröffentlichten Gespräch mit Alain Badiou ihre Sympathie mit einer solchen von der Vielheit aus gedachten Universalität, ja beschreibt gerade den Badiou'schen Begriff der *multiplicité* als Weise »das Universelle zu komplizieren«:[3] Eine Vielheit, aus deren Verhältnissen jede Einheit erst zu bilden ist, deren Gegenwärtigung einen Exzess jedes Ganzen und eines jeden von einem Ganzen ausgehenden Systems der Unterscheidung darstellt.[4] In dem Sinne, wie auch Cassin nicht darauf verzichtet, das Unendliche der Übersetzung als ein πᾶν, ein offenes All, jenseits eines jeden ὅλον, eines geschlossenen Ganzen, zu benennen.[5]

---

2 Gilles Deleuze, *Différence et répétition*, Paris 1968, S. 52–59; ders., *Spinoza et le problème de l'expression*, Paris 1968, S. 50–58.

3 Badiou u. Cassin, *Homme, femme, philosophe*, S. 156.

4 Alain Badiou, *L'être et l'événement*, Paris 1988, S. 33; ders., *Saint Paul. La fondation de l'universalisme*, Paris 1997, S. 95.

5 Cassin, *Éloge de la traduction*, S. 199.

3) Im steten, in den gesamten Arbeiten um das *Vocabulaire européen des philosophies* deutlichen Rückbezug auf eine Tradition der Philosophie, die die Philosophie ausgehend von der Universalität als ihrem Gegenstand oder Anspruch auszuzeichnen sucht, kompliziert Cassin das Universelle in der Philosophie, indem sie es in Beziehung auf Anderes und vielleicht *das* Andere der Philosophie setzt. Schon indem sie darauf aufmerksam macht, wie das Wort »universel« Teil eines zuerst *linguistischen* und nicht in jedem Verständnis immer schon begrifflichen Paradigmas bildet, bezieht sie die Philosophie auf die oder eine Sprache als Anderes der Philosophie. Sie greift das Lexem des Universellen als dasjenige heraus, das auch in der Philosophie- und Geistesgeschichte gegenüber dem *général* mit einer besonderen Emphase aufgeladen ist, welches – in unterschiedlichsten Weisen – Programmwort war. »Universalité«, das ist der Titel des hohen, auch sprachpolitischen Vorrangs des Französischen bei Rivarol;[6] »Universalismus«, das bezeichnet ganz verschiedene Programme und Ansprüche: bei Othmar Spann etwa einen antiliberalen politischen Vorrang eines Ganzen, so dass »Universalismus« für Herbert Marcuse zur Bezeichnung einer Charakteristik des Faschismus wird.[7] Doch im heutigen Diskurs benennt er vor allem den Anspruch auf Geltung – ob in Theorie oder Politik – jenseits aller gegebenen kulturellen, rassistischen, sexistischen etc. Festschreibungen, wie er sich etwa in Erklärungen und Einforderungen von Menschenrechten prototypisch verkörpert sieht, und welchen umgekehrt etwa Carl Schmitt schon als »raumlos« denunziert.[8] Er ist Gegenbegriff zu Partikularismus und zum von Cassin verteidigten Relativismus. Das Herausgreifen des *universel* macht die Diskussion zunächst metaphysischer Kategorien erkenntlich als bereits verflochten mit Politik und dem Politischen der Philosophie selbst. Verflechtung, für die Cassin – ausgehend vom

---

6 Ebd., S. 214.

7 Herbert Marcuse, »Der Kampf gegen den Liberalismus in der totalitären Staatsauffassung«, in: ders., *Kultur und Gesellschaft 1*, Frankfurt a.M. 1965, S. 21–74.

8 Carl Schmitt, *Der Nomos der Erde*, Berlin 1974, S. 164.

Modell der Verflechtung von Philosophie und der Politik der Sophistik – immer wieder ein Schlagwort nutzt: *stratégie*.[9]

Das Universelle, das die Philosophie auszeichnen soll, verweist bereits auf ein Anderes, auf – womöglich unerwünschte oder auch untreue – Komplizinnen der Philosophie, welche etwa in Gestalt von Sprache, Politik oder Sophistik das Universelle selbst komplizieren. Diesen Verweis aufs Andere der Philosophie lässt Badiou in seinem Gespräch mit Cassin in kritischer Absicht explizit werden:

> La complication de l'universalité, c'est d'abord la création d'une nouvelle œuvre d'art, d'une nouvelle orientation politique, de nouveaux theorèmes mathematiques ou physiques, une forme inédite de passion amoureuse.[10]

> Eine Komplikation des Universellen besteht zunächst in der Schöpfung eines neuen Kunstwerks, einer neuen politischen Orientierung, neuer mathematischer oder physikalischer Sätze oder einer nie dagewesenen Liebesleidenschaft.

Ausgangspunkt und Ausrichtung Badious und Cassins unterscheiden sich dabei: Während Badiou an einer Aufgabe der Philosophie festhält, das Universelle gerade zu *vereinfachen*, welches dem Denken durch Dichtung, Mathematik, Politik oder Liebe als *compliqué* übereignet wird, so geht Cassin hingegen vom Schein einer durch philosophische Selbstherrlichkeit erschaffenen Universalität der philosophischen Begriffe aus, um diese Selbstherrlichkeit infrage zu stellen und zu zeigen, wie dies auf Anderes der Philosophie verweist. Mit der grundsätzlichen Annahme, dass es kein Universelles der Philosophie außerhalb eines solchen Bezugs zum Außerphilosophischen und insbesondere zum Sprechen einer Sprache gibt – und dies gilt sogar

---

9 Barbara Cassin, *L'effet sophistique*, S. 336; Barbara Cassin u. Penelope Deutscher, »Introduction: Toward a New Topology of Philosophy«, in: Barbara Cassin, *Sophistical Practice. Toward a Consistent Relativism*, New York 2014, S. 1–22, hier S. 15.

10 Badiou u. Cassin, *Homme, femme, philosophe*, S. 156.

noch für das Sein oder Gott, die Schleiermacher als derartig universelle Grenzbegriffe ausmachen wollte, dass diese Universalität außerhalb aller Relativierung durch die Sprachigkeit jener Begriffe steht[11] – treten sowohl Cassin als auch Badiou in Nachfolge des Sprach- und Ereignis-Denkens Heideggers, als am Ereignis der Zusprechung des Seins (und damit sekundär auch allen Verständnisses von Universalität und Allgemeinheit) durch die Sprache orientiertes Denken.[12] (→ Supplement 2 »donation«)

Zusammenfassend erlaubt die Verzwickung des Universellen als eine mindestens dreifache Operation Cassin die Entwicklung ihrer relativistischen Position, die mehr als eine bloße Absage an das Universelle ist: Ihr Relativismus nimmt es auf sich, Rechenschaft zu geben über die als jeweils *relativ* universell zu verstehenden Universalien. Ein solcher Relativismus verändert das Verständnis der Philosophie selbst und versteht die Relativität der Universalien zuvorderst als Verhältnis in und zu der Sprache als anderem der Philosophie. Zugleich zehrt er aber auch von jenen philosophischen Begriffen und Differenzierungen des Universellen, welche – das Universelle aus dem Innenraum der Philosophie deterritorialisierend – ihrerseits Züge gerade jener relationalen Strukturen zu bezeichnen in der Lage sind.

Jonathan Schmidt-Dominé

11 Cassin, *Éloge de la traduction*, S. 195.

12 »Haus des Seins ist die Sprache, weil sie als die Sage die Weise des Ereignisses ist«, Martin Heidegger, »Der Weg zur Sprache«, in: *Heidegger Gesamtausgabe*, Band 12: *Unterwegs zur Sprache*, hg. von Friedrich-Wilhelm von Hermann, Frankfurt a.M. 1989, S. 227–257, hier S. 255.

6 »mit Köpfchen – καινοῦ = και νοῦ«

Antisthenes dürfte es seinen Mitmenschen mit seinen »bissigen Worten«,[1] seinen stichelnden Spötteleien und seinem Faible für fiese Spitznamen nicht leicht gemacht haben. In den Anekdoten, die uns überliefert sind, erscheint er als angriffslustiges Raubein, der sich aber zugleich auf einnehmende und unterhaltende Weise darauf verstand, seine Derbheiten mit einem feinsinnigen Witz zu versehen.

Barbara Cassin kommt an dieser Stelle auf ein Wortspiel zurück, das sich in Laertius' *Leben und Meinungen berühmter Philosophen* wiederfindet. Es heißt dort in der Übersetzung von Otto Apelt:

> Zu einem pontischen Jüngling, der sein Schüler werden wollte und sich erkundigte, was er dazu nötig hätte, sagte er: ›Ein neues Büchelchen, ein neues Griffelchen und ein neues Täfelchen‹, wobei er mit dem ›neu‹ (καινοῦ = και νοῦ) immer zugleich auf den Verstand hinwies.[2]

In der dazugehörigen Fußnote bemerkt Apelt, dass Antisthenes den »weisheitsdurstigen Jüngling«[3] mit diesem Wortwitz, der mit der Homophonie von καινοῦ / *kainou* (= »des neuen«, Genitiv des Adjektivs καινός) und και νοῦ (= »und des Verstandes«) spielt, habe hänseln wollen.

Wir ließen uns beim Übersetzen von diesem Wortwitz anstecken und gaben einer spontan überspringenden Geste Raum, welche die sonst sehr ernste Arbeit am Text unterbrach.

Wir haben uns an dieser Stelle also nicht an die Wörter »esprit« oder »νους« gehalten, deren Übersetzungen häufig Kopfzerbrechen bereiten, sondern die homophone Echowirkung der Diminutive in Apelts Übersetzung weitergetrieben. »Köpfchen«, ein Jux erst – und

1 Diogenes Laertius, *Leben und Meinungen berühmter Philosophen*, übers. v. Otto Apelt, Hamburg 2015, S. 287.

2 Ebd., S. 280.

3 Ebd.

dann ein Einfall, der uns treffend schien. Denn gemeint ist wohl: Dummerchen, du beweist erst Köpfchen, wenn du dieses Späßchen, das ich mir auf deine Kosten erlaube, vernimmst. Wenn du hörst, dass du weder ein Büchelchen noch ein Griffelchen noch ein Täfelchen brauchst, nur dich und deinen Verstand, die Bereitschaft *anders* hinzuhören und das, was du davon aufgreifst, zu verinnerlichen!

Antisthenes' Wortspiel ist ein gewitzter Hieb, der aufhorchen lässt und zum Denken anregen soll – und auch weh tut. Ein Witz kann bloßstellen, schikanieren; aber auch gesellschaftliche Machtverhältnisse in Frage stellen und angreifen – je nachdem wer auf wessen Kosten meint, sich ihn erlauben zu können oder sich bewusst herausnimmt, Grenzen des Sagbaren zu überschreiten. Der frühe Kynismus, als dessen Gründungsfigur manchen Antisthenes gilt, wird in der Rezeption mitunter als eine philosophische Protestbewegung gelesen, die sich nie in Form einer bestimmten Schule institutionalisiert hat. Als philosophische Lebensform zeichnete er sich neben strenger Bedürfnis- und Schamlosigkeit sowie Ablehnung jeglicher sozialer Konventionen auch durch provozierende Redefreiheit und Respektlosigkeit gegenüber Mächtigen aus. Deshalb prägen Spott, skandalisierendes Gezeter in der Öffentlichkeit und bissige Kommentare die kynischen Reden, die sowohl unterhaltend wie auch aufrüttelnd auf die Zuhörenden wirkten. Interessant ist auch Antisthenes' eigene Herkunft, die für seine Kritik an den gesellschaftlichen Gegebenheiten seiner Zeit bedeutsam ist: selber ein *nóthos* (freie Person, die nach griechischem Recht aus keiner oder nicht anerkannter Ehe stammte), lehrte er am Kynosarges, dem einzigen Gymnasion, das *nóthoi* besuchen durften. Er vertrat die radikale Ansicht, dass ἀρετή (Tugend, Tüchtigkeit, Exzellenz) *lehrbar* sei, also nicht dem Adel qua Geburt zukomme, dass sie die gleiche für *alle*, Männer wie Frauen, sei und sich vor allem im *Handeln* äußere, das keiner besonderen theoretischen Kenntnisse bedürfe. ἀρετή ist eine Performanz, ein Habitus, keine natürliche Gegebenheit.

Wenn Cassin auf Antisthenes anspielt, dann also vielleicht auch, um ihn als Verbündeten ins Spiel zu bringen in ihrer eigenen Kritik an der menschenfeindlichen Migrationspolitik der Europäischen Union, die gewaltvoll in »Wir« und »Die« einteilt, sowie am weitgehenden Schweigen der europäischen Intellektuellen zu diesen Ungerechtigkeiten.

Das absurde Bild der zunächst vom Abriss verschonten *school* des *Jungle* lässt den Bezug auf europäische Werte, die sich auf das Erbe von Humanismus und einen emphatischen Bildungsbegriff berufen, als sinnentleerte Phrasen erscheinen. Besonders dann, wenn sich europäische Amtsträger:innen in offiziellen Erklärungen auf diese berufen und zugleich die politische Verantwortung für das Leid tausender Menschen tragen, die an den abgeschotteten Grenzen Europas sterben. Wer nur ein bisschen Köpfchen hat, so Cassin, kann zu diesen Missständen nicht schweigen oder gleichgültig bleiben, sondern muss widersprechen. Und sei es nur in der scheinbar winzigen Geste eines antisthenschen »und«, dessen Tragweite sich erst im genauen Hinhören erschließt.

Larissa Krampert

7 »und«

Nichts scheint einfacher, als die Kopula »et« mit »und« zu übersetzen. Es scheint eine stabile Paarbeziehung vorzuliegen. Warum also »et«/»und« zum Ausgangspunkt machen, um die Unübersetzbaren – Symptome der Differenz von Sprachen – anzusprechen? Die Motivation dafür, dass dies hier dennoch geschehen soll, liegt in der Tatsache begründet, dass Cassin gleich zu Beginn ihres Essays »entre« über das ebenso unauffällige wie notwendige Synkategorem »et« nachdenkt, es ausstellt, um es zugleich stilistisch, rhythmisch, argumentativ in ihrem Schreiben einzusetzen. Etwas daran wird auffällig und entfaltet im weiteren Verlauf des Essays seine Wirkung.

Derrida hat – im Anschluss an Husserl – das Interesse der Dekonstruktion für die nicht saturierte und nicht saturierbare Syntax der Synkategoreme (pas, sens, sauf, ni ... ni, et .. et, ou ...ou) – ebenso wie für Einklammerungen, für Homonymien und Homophonien – klar benannt:

> »et« –: »scansion, espacement, quasi-ponctuation, respiration, incipit exclamatif, addition neutre, liaison, enchaînement, disjunction, scansion, surenchère, objection, concession.[4]

Viele dieser grammatischen Funktionen und semantischen Werte kennt auch das Wörterbuch. Der *Duden* verzeichnet eine ganze Reihe davon: »und« verbindet Wortpaare, welche Unbestimmtheit ausdrücken; »und« verbindet gleichwertige Wörter, drückt dadurch Steigerung und Intensivierung aus; syntaktisch schließt »und« eine erläuternde Aussage an, die bestätigenden oder auch widersprüchlichen, einräumenden oder auch bedingenden Charakter haben kann, eine Folgerung oder ein Gegensatz sein kann. In elliptischer Funktion wirkt »und« ironisch, zweifelnd, abwehrend. Eine Polysemie, mit der jeder, der schreibt und übersetzt, seinen Umgang finden muss – und zumeist findet. Ja und?

Flaubert war an der schillernden Gleichmütigkeit des »und« – im Unterschied zu allen Konjunktionen, die logische Verhältnisse relativ eindeutig versprachlichen – interessiert; Foucault hat im Inkommensurablen der borgesianischen Aufzählung – et cetera – den Abgrund von Sinn und Bedeutung erblickt; Derrida hat in der schieren Aufzählung »und ... und ... und« die beziehungslose In-Bezug-Setzung analysiert.

Cassins Gebrauch des »und« weiß vieles davon und ist zugleich von einer anderen Geste getragen. Gereizt und gespreizt wird das Synkategorem, wenn Cassin die Addition seiner Bedeutungen und Verwendungen qua Supplement über die einfache Reihung hinaustreibt. Sie dreht und wendet das Wort »und« so, dass etwas *anderes* aus ihm heraustritt, etwas, das sich nicht in seine lexikalisch verzeichnete poly-

4 Jacques Derrida, »*Et cetera* ...(and so on, und so weiter, and so forth, *et ainsi de suite*, und so überall, *etc.*«, in: Marie-Louise Mallet u. Ginette Michaud (Hg.), *Jacques Derrida (Cahiers de l'Herne)*, Paris 2004, S. 21–34, hier S. 26.

semische Vielfalt integrieren lässt. Heraus tritt ein intrikates Zugleich von Dringlichkeit, Absurdität – und Verstand.

Ein emphatisch-dringlicher Zusatz und Appell ist das »und« in Cassins erster Affirmation, der zufolge die intellektuelle – also die philosophische, philologische, historische, anthropologische, soziologische – Auseinandersetzung, ganz gleich mit welchem Thema, heute den Zusatz erfordert: »und das Mittelmeer«, »und der Friedhof, zu dem das Mittelmeer geworden ist«. Wir könnten hinzufügen: »und die Klimakrise«, »und der Antisemitismus«, und und und.

»Und« setzt den Akzent der Dringlichkeit, einen Akut, die Notwendigkeit von Montage. Nichts kann mehr gedacht und gesagt werden, ohne nicht *auch daran* zu denken, *auch darüber* nachzudenken, *auch dafür* Worte und Gesten zu suchen.

In einem zweiten Schritt übersetzt Cassin dieses aufgeladene »und« ins Altgriechische und schreibt »kainou«. Sie übersetzt, aber sie verschiebt und erweitert zugleich unter der Hand die einfache Kopula »et/und«. Denn wäre ihr allein an einer korrekten Übersetzung ins Griechische gelegen gewesen, hätte sie »kai« schreiben müssen. Aber Cassin schreibt »kainou« – Genitivform von *kainos*. *Kainos* bedeutet: »neu, unbekannt, nie dagewesen«. Ein Zusatz, so die implizite Forderung, ist keine schiere Addition, keine rhetorische Amplifikation, sondern Disjunktion: Sprung in etwas Neues, Unbekanntes.

»und« = Neues, Unbekanntes.

Neu und unbekannt ist das, was Cassin in philologisch-sophistisch-spielerischer Weise dem Adjektiv »kainou« = »neu, unbekannt« ablauscht. Flugs trennt sie das Wort an der Silbengrenze auf und gewinnt das homophone Doppel »kai nou«. »Kai nou« = »und Verstand«. Ihr Gewährsmann für dieses Wortspiel ist der Doxograph Diogenes Laertius. Der Witz an Cassins Operation wie auch an der Anekdote, die sie in Diogenes' Abhandlung über das Leben und die Meinungen berühmter Philosophen findet, ist nicht zuletzt, dass ausgerechnet der Verstand einem vermeintlich falschen Gebrauch von Sprache entspringt. Dieser *andere* Verstand ist der des Witzes – auch bekannt als *esprit* und Geistesblitz. Die Übersetzerinnen von Cassins

Essay übersetzen Cassins/Diogenes' »kainou/kai nou«-Wortspiel auf pfiffige Weise: »und mit Köpfchen«.

»und« = und mit Köpfchen.

Die ethisch-politische Aufgabe, vor der die zeitgenössischen Intellektuellen stehen, nämlich den Akut ihrer Interventionen auf die gegenwärtige Migrationskrise in Europa zu legen, wird von Cassin als Auftrag eingeführt; zugleich führt sie auf ihre Weise etwas von diesem Auftrag schon aus, indem sie findig über*setzt* – und – vielleicht, im Bild der Krise bleibend – auch *über*setzt.

Das gewitzte und witzige »und« ist eines, das Spannungen und Widersprüche in sich trägt und aushalten muss. Das ist die Eigenart des Witzigen: eine Kompromissbildung, die nicht ohne Aggression ist.

Dieses gewitzte »und« interveniert bei Cassin im Signifikanten »entre«. »Und« hält »entre« offen, spannt es auf, entfaltet darin Polysemie, Homonymie, Ambiguität durch Zusätze und Schnitte.

»Entre« ist die Minimalformel, auf welche Cassin die Migrationskrise bringt. »Entre«: Verbform und Präposition; Imperativ und Indikativ; Gastfreundschaft und gewaltiges Eindringen. Die verschiedenen Bedeutungen, die zuweilen einen krassen Widerspruch bilden, kommen durch die Kopula »und« schlechterdings nebeneinander zu stehen. Welche Tonart nimmt dieses »und« an? Gleichmütig kann die Kopula nicht mehr genannt werden. Längst ist sie geladen, mit Köpfchen, Witz, Spannung. Sie entfaltet ihre provozierende Wirkung, indem sie Widersprüche ausstellt, ohne sie dialektisch miteinander zu vermitteln, ohne sie logisch zu rechtfertigen oder gar zu lösen.

Von einem Beigeschmack ist bei Cassin die Rede. Auch ein Zusatz: von Schärfe, Würze, aber immer eher von etwas Unangenehmem, von etwas, das sich abhebt, das sich nicht fügt, nicht integriert, dem – guten – Geschmack widersteht. Dieses Überstehende, dieses Supplementäre – das sind singuläre Momente, die sich nicht zusammenfassen lassen, die dazu auffordern, die »und«-Reihe von Fall zu Fall weiter auszuschreiben.

Die Krise der Gegenwart. Sie ist nicht als Ganzes zu fassen. Es gibt sie in lose aneinandergereihten Einzeldingen und Einzelfällen, nicht zusammenhangslos. Und und und – oder auch die asyndetische Reihe von Verschiedenem. Bis hin zum Balken, Zeichen von Verbindung und Trennung, zugleich. Das typographische Zeichen / ersetzt in Cassins Essay zuweilen die Kopula »und«, übersetzt sie und setzt sie aus, um das eine und sein Gegenteil über diese Klinge springen zu lassen: »Schule/keine Schule«; »unmöglich/möglich rüber zu kommen«. In diesen Spaltungen und in loser Reihung einzelner Fragmente taucht in Cassins Text das Übergangslager in Calais auf: Schule, school, Lager, encampement, bidonville, no man's land – Cassin sagt auch: absurd.

»und«= absurd.

Am Ende des Essays noch ein »und«: »Und du, du musst es ertragen, Maß zu sein.« (→ Supplement 15 »Ertragen, das Maß zu sein«). Ein Satz, in dem einer der meist kommentierten Sätze der altgriechischen Philosophie anklingt, allerdings nicht als apophantische Aussage über den Menschen, sondern als Adressierung.

Es geht im Adressieren der Krise um keine Ontologie, sondern um eine Pragmatik der Zusätze, für welche die Übersetzung der Motor ist. Im Französischen verschiebt sich »est« zu »et«. Im Deutschen beginnt im »und« das »un«, diese Negationspartikel, die zugleich auch eine Partikel der Intensivierung ist, hörbar zu werden. »Und« als Unübersetzbare erfordert – dringlich, beißend, witzig – ein Und der Übersetzung.

Judith Kasper

8 »entre, alter / autrui, der Andere«

Cassin parallelisiert das von ihr als zweites eingeführte »entre« mit dem lateinischen *alter*: Dieses »entre«, von dem sie schreibt, dass es eine »verzwickte Zone der Interaktion und Interferenz« eröffnet, ist der Raum, der Nähe und Abstand zum Anderen organisiert. Der Ort des »Anderen« wird damit greifbarer, doch wer oder was ist dieses, dieser oder diese »Andere«? Ich schlage in dem von Cassin herausgegebenen *Vocabulaire européen des philosophie* nach. Im Eintrag »Autrui« steht (ich übersetze):[1]

> *Autrui* (frz.) ist ein Komplement zu *autre*, das auf das lateinische *alter* zurückgeht. Es bedeutet zunächst, wie das Suffix des Komparativs anzeigt, der ›andere von zweien‹ und ›der eine, der andere, der zweite‹, wie *heteros* im Griechischen. Der reziproke Ausdruck dazu ist *alius*, welches, dem gr. *allos* folgend, ›der andere von vielen‹ meint [...]. Auf der einen Seite steht das ›du‹ dem ›ich‹ gegenüber, ein Alter Ego, dessen Distanz es zu messen und dessen Unterschied es zu verstehen gilt; auf der anderen Seite steht ein beliebiges ›er‹, ein ›anderer‹ unter anderen und repräsentiert die kontingente Veränderung personaler Identität. [...]
>
> 1. Zum griechischen Unterschied *allos / heteros* und dem davon unterschiedenen ›Heterogenen‹, das der ›Barbar‹ darstellt, siehe *Übersetzung* (Kasten 1, ›Was ist ein Barbar für einen Griechen?‹).
>
> 2. Zur Verbindung zwischen *alius* und *alienus*, ›der einem anderen gehört [im juristischen Sinne bezeichnet *alienare* die Übertragung des Eigentumsrechts], fremd, ungeeignet, feindlich, unvorteilhaft‹, und der moderneren, wenn auch immer noch an die juristische Bedeutung gebundene Bedeutung des *aliéné* als unverantwortlich und selbstfremd, siehe *Folie*. Wie das *Dictionnaire historique de la langue française* (DHLF) feststellt, erlebt *aliénation* eine neue Karriere mit Sartre und seiner Übersetzung der *Entfremdung* bei Hegel und Marx: vgl. *Praxis*, *Säkularisation* und *Angemessenheit, Aneignung*.
>
> 3. Wir haben uns dazu entschlossen, das gesamte Begriffsnetz, das sich im Deutschen ausgehend von dem Unterschied zwischen *Nebenmensch**, was die neutrale Andersartigkeit anderer Einzelner oder ›Nächster‹ angesichts eines postulierten identischen Universums bezeichnet, und *Mitmensch**, worin sich eine Besonderheit aus-

---

[1] Bei der Übersetzung habe ich Lemmata, auf die verwiesen wird, in der Originalsprache stehen lassen, während ich andere ins Deutsche übersetzt habe. Wörter, die im Original deutsch sind, sind mit einem Asterix gekennzeichnet. Auf diese Weise kann ein Eindruck davon entstehen, wie eine deutsche Version des *Vocabulaire* aussehen könnte.

drückt, die nicht auf die Spannung zwischen Einzelnem und Universellem reduzierbar ist und eine Modalität darstellt, die das Verhältnis zur Welt eines jeden Ichs strukturiert, aufspannt, zusammenzufassen: siehe *Mitmensch**; vgl. *Identité, Je, Menschheit**, *Personne.*
4. Im Russischen ist drugoj [другой], der andere, im Sinne von ›zweiter‹ *(heteros)* terminologisch mit *drug*, ›Freund, Kamerad‹, in einem Netz von Beziehungen verbunden, in dem Freundschaft und vertraute Nähe (*philia*, siehe *aimer*) herrschen: siehe *drugoj*, und vgl. *subornost.*[2]

Statt einer Antwort auf die Frage, was »autrui« bedeutet, bietet der Eintrag Verzweigungen an, die in ganz unterschiedliche Bereiche des *Vocabulaire* verweisen. Die »reziproke« Weise, mit den Wörtern *alius* oder *alter* auf den Anderen zu blicken, setzt sich also auf formaler Ebene als Verweisstruktur fort. Performativ öffnet das Lemma »autrui« einen Zwischenraum und bleibt auf diese Weise mit »entre« unablösbar verbunden. »Autrui« ist der Ausgangspunkt eines Netzes, das sich in verschiedene Bedeutungsbereiche verzweigt. In der Gebrauchsanweisung des *Vocabulaire* heißt es, die Verweise in andere Bedeutungsbereiche seien keine Übersetzungen, »weder gute noch schlechte«, sondern »Äquivalente, Annäherungen oder Analogien«[3]; eine neue Form der Nachbarschaft wird eröffnet.

Unmöglich alle Verzweigungen wiederzugeben, die die Bedeutung des »Anderen« aufweist; unmöglich ihnen allen nachzulesen, schon gar nicht gleichzeitig. Ich will einen lesenden Spaziergang durch das *Vocabulaire* machen; eine Form, die keinen Weg zum Dringlichsten sucht und nicht alles enthalten muss, sondern innehält, sich umschaut und die Richtung ändert, wann immer es gelegen kommt. Ich entscheide mich zunächst für die beiden Lemmata, die am weitesten voneinander entfernt zu sein scheinen: wie lässt sich die Distanz zwischen »barbarismos« [1.] und »drugoj« [4.] ermessen?

2 Cassin (Hg.), *Vocabulaire européen des philosophies*, S. 156. Soweit nicht anders angegeben stammen die Übersetzungen aus dem *Vocabulaire* von mir.
3 Ebd., S. XXIII.

Die Bedeutung von »barbarismos« findet sich eingebettet im Eintrag zu »traduire«. In ihm wird die enge Verbundenheit einer jeweiligen Sprache mit dem (philosophischen) Denken und die sich daran anschließende Frage nach der Übersetzbarkeit erörtert. Ich lese hier über den Monolinguismus der Griechen, der sich im *hellenizein* ausdrückt, ich lese über die Ununterschiedenheit von Adaption und wörtlicher Übersetzung im frühen Latein, komme weiter zur Rolle der Hermeneutik in der Bibelübersetzung und zu Schleiermachers Übersetzungsbegriff.

Um auf den »Anderen« zurückzukommen, lese ich den eingeschobenen Kasten »Was ist ein Barbar für einen Griechen?«. »Barbarismos« ahmt onomatopoetisch die Unverständlichkeit von Sprache nach. Aristoteles bezieht sich dabei ausdrücklich nicht nur auf fehlerhaftes Sprechen, sondern auch auf Unverständlichkeit, die etwa aus der zu häufigen Verwendung von Konjunktionen oder Metaphern resultiert. In »barbarismos« drückt sich also nicht die postulierte Erhabenheit des Altgriechischen gegenüber einer anderen Sprache aus, sondern der Ausdruck verhandelt im Kontext des griechischen Monolinguismus die Wichtigkeit des korrekten und angemessenen Sprechens:

> *Esti d'arkhê tês lexeôs to hellênizein* (Rhetorik, III, 5, 1407a 20-21): man kann den ersten Satz der aristotelischen Ausführung wahlweise mit ›Sich Ausdrücken zu können setzt voraus, sich auf Griechisch auszudrücken‹ oder mit ›Das erste Prinzip des Stils ist es, angemessen zu sprechen‹ übersetzen.[4]

Im Altgriechischen gibt es keinen Ausdruck für Übersetzung, weil keine andere Sprache ins Spiel kommt. Griechisch zu sprechen ist im Gegensatz zu »barbarismos« eine Frage des korrekten, aber auch des angemessenen Sprechens. Die Angemessenheit lässt sich von der grammatikalischen und semantischen Verfasstheit des Griechischen ableiten, deshalb spricht der Eintrag davon, dass Griechisch nicht *eine*

4 Ebd., S. 1306.

Sprache ist, die gesprochen wird, sondern Griechisch ist dasjenige, das (für einen) spricht.[5] Das Barbarische als das »Andere« ist demnach das, was nicht oder unverständlich spricht. Die Unverständlichkeit ist damit nicht nur dem fremden Idiom verbunden, sondern der nicht angemessenen Verwendung des Griechischen selbst.

Ich gehe weiter zu russ. »drugoj«, dem das *Vocabulaire* einen eigenen Eintrag widmet. Während der Barbar im Hellenismus der »Andere« schlechthin ist, lässt »drugoj« den »Anderen« als den »Zweiten« im Kontext von Nähe und Freundschaft erscheinen. Für Michail Bachtin, so lese ich dort, ist die in »drugoj« ausgedrückte Nähe in Spannung mit der Fremdheit der Ausgangspunkt seiner frühen Theorie der ästhetischen Produktivität. Das Schreiben wird zu einer Beziehung zwischen dem Ich (я/ja) und dem Anderen (другой/drugoj), für Bachtin zu einer Praxis, die dem Lieben eng verwandt ist.[6]

Wo »barbarismos« nicht von der Vorstellung des Monolinguismus zu trennen ist, lässt »drugoj«, wie der Wörterbucheintrag mit an Unlesbarkeit grenzender Genauigkeit auflistet, in nachbarschaftlichem Multilinguismus den gemeinsamen Moment des »nahen Anderen« in unterschiedlichsten Kontexten hervortreten:

> Die altslawische Wurzel drug findet sich in den modernen slawischen Sprachen großflächig wieder: so im Russischen drug, im Polnischen druh, ›Freund‹, im Serbokroatischen drug, ›Gefährte, Kamerad‹, im Tschechischen druh, ›Art, Sorte‹. Darüber hinaus besitzt sie eine große Anzahl von Ableitungen, die in der einen oder anderen Form die Vorstellung des Verhältnisses oder der Assoziation ausdrücken: russisch druzba, ›Freundschaft‹, serbokroatisch druzba, ›Organisation, Ensemble, Klüngel‹, tschechisch druzice, ›Satellit‹, polnisch druzyna ›Team, Abordnung‹, ukrainisch druzyna, ›Ehefrau‹ usw. [...] Zu den Begriffen mit ähnlichem Ursprung gehören das deutsche Wort ›trauen‹ sowie die englischen ›trust‹ und ›truth‹ [...].[7]

5 Vgl. ebd. S. 1305.

6 Vgl. ebd. S. 330; Michail M. Bachtin, *Autor und Held in ästhetischer Tätigkeit*, übers. v. Rainer Grübel, Berlin 2008.

7 Cassin (Hg.), *Vocabulaire européen des philosophies*, S. 330f.

Den etymologischen Verwandtschaften von »drug« ließen sich homophone (Trug, Druck...) und translinguale *false friends* (engl. drug) hinzufügen. Unzählige Abzweigungen, die in den Nebenwegen von »autrui« auftauchen – solche, die das *Vocabulaire* ausschildernd bewirbt und solche, die zwischen den Einträgen und zwischen den Zeilen lesend hervorgebracht werden. Denn Unübersetzbare, wenn sie nicht essentialistisch gedacht werden, sind nie singulär. Sie sind notwendig plural wie die europäischen Philosophien.

Beim Verfolgen weiterer Abzweigungen von »autrui« zu »Praxis«, »Appropriation«, »Mitmensch*« stoße ich zufällig auf ein Zitat von Francis Ponge:

> Von bestimmter Seite wird man uns vorwerfen, wir erwarteten unsre Ideen von den Worten (vom Wörterbuch, von den Kalauern, vom Reim, was weiß ich...): aber gewiß, wir geben es zu, diesen Weg muß man gehen, das Material beachten, seine Form des Alterns voraussehen usw. [...] Wir werden trotzdem erwidern, dies geschehe nicht ausschließlich, und wir verlangten auch von einer unvorhergesehenen Betrachtung, einem Zynismus und einem schamlosen Freimut [sans vergogne] an Beziehungen, dass sie uns *solches* lieferten.[8]

Ponge hat in seinem Text *Schreibpraktiken und die stetige Unfertigkeit* erklärt, er schreibe nicht auf französisch (en français), und er proklamierte im gleichen Text, dass die Einführung der Deklination in die französische Sprache die einzige Rettung der Dichtung sei.[9] Ponges Poetologie lässt sich mit Cassins Begriff des »philosopher en langue« – der Bedingtheit des Denkens durch seine sprachliche Verfasstheit – zusammendenken. Er erweitert ihn aber um einen poetischen, philologischen und philosophischen Willen zur Transformation der Sprache. Dieser ist schamlos: »sans vergogne«. Der Kasten, dem das obige

8 Ebd., S. 1339. Francis Ponge »My creative method«, in: ders., *Stücke Methoden*, übers. v. Gerd Henninger, Frankfurt a.M. 1961, S. 223–270, hier S. 237f.

9 Francis Ponge, *Schreibpraktiken oder die stetige Unfertigkeit*, übers. v. Felix Philipp Ingold, München 1988, S. 58.

Zitat entnommen ist, ist eingebettet in das Lemma »Vergüenza«, ein Wort aus dem Spanischen, das ebenso wie »vergogne« auf das lateinische »vereri« zurückgeht und die Bedeutung von Scham mit der Bedeutung von Achtung und Ehre verbindet. Ähnlich wie das deutsche Schamgefühl schafft es einen positiven Ausdruck für dasjenige, was sich als angegriffen versteht, wenn man Scham empfindet ,und verschiebt damit die Konnotation vom Privaten und Einzelnen hin zum Kollektiven und Gesellschaftlichen.

Für Ponge bezeichnet »sans vergogne« die wahre Art und Weise zu dichten; im Französischen wird der Ausdruck »vergogne« kaum noch verwendet und wenn, dann gleichbedeutend mit »honte«. Ponges Wendung ist hingegen eine Überschreitung, indem er das französische Wort zu seinen etymologischen Verwandtschaften zurückdrängt, wodurch es nicht nur »schamlos« bedeutet, sondern auch freimütig, dreist und ohne Zurückhaltung agiert. »Sans vergogne« ist die semiologische Überschreitung, die sie rhetorisch einfordert. Die hellenistische Vorstellung des Griechischen als angemessenes Sprechen hält die »andere«, »fremde« oder «falsche» Verwendung schamvoll als barbarisch außen. Ponge hingegen stürzt sich in die Materialität der französischen Sprache und geht ihr mit großer Ernsthaftigkeit nach, um sie dann »sans vergogne« mit ihr und in ihr zu überschreiten.

> In der Geschichte der Philosophie gibt es keine Denkweisen oder Sprachen, die jemals veraltet sind. [...] Ein Grund für solche Verschiebung ist die Irreversibilität von Übersetzungen oder Neuschöpfungen, die bestimmte Wörter, die Gegenstand grundlegender Fragestellungen sind, erfahren haben.[10]

Die Formulierung bezieht sich an dieser Stelle auf das Auseinanderstreben des aristotelischen und marxistischen Begriffs von »Praxis«, der sich nicht (mehr) zu Gunsten einer einzigen Verwendungsweise auflösen oder vereindeutigend aktualisieren lässt. Der Eintrag macht den Punkt, dass sich nicht einmal mehr sagen lässt, ob es sich bei

---

10 Cassin (Hg.), *Vocabulaire européen des philosophies*, S. 988f.

»Praxis« um einen griechischen oder deutschen Begriff handelt. Dabei kommt mir Monika Rincks Formulierung in den Sinn, dass der Begriff eine Rast ist, der keine poetische oder rhetorische Bleibe, aber zumindest einen Moment des Ausruhens schaffen kann:

> Eine Rast, für einen Moment das Ende der Eile – bevor das unablässige aus- und umdeutende Geschehen der skeptischen Vorstellungskraft [...] die Rede der anderen Menschen, das Wetter (und viele andere Agenten mehr) erneut verändernd eingreifen.[11]

Das Bild stellt die Vorstellung vom Bedeutungswandel qua Übersetzung auf den Kopf, indem es nicht von einem in sich ruhenden Begriff ausgeht, den Übersetzungen irreversibel komplizieren, sondern das Finden und Benutzen von Begriffen als ein Ausruhen vorstellt, das zwar nicht andauert, aber die Erholsamkeit des Einhalts verdeutlicht. Welche Konsequenzen hätte das für die Vorstellung vom Anderen? Inhaltlich lässt sich die Frage nach »autrui«, von dem wir ausgegangen sind, im Lemma »Praxis« in der Verhandlung der Verfremdung im marxistischen Sinne weiter verfolgen: das Andere als das vom Eigenen zum sich selbst fremd Gewordenen. Semantisch tritt damit die eine Verwendung des Wortes gegen die andere an, und von der Essentialisierung der Worte Abstand nehmend kann die eine nicht als die Fehlübersetzung der anderen gelten, die berichtigt werden müsste. Vielmehr werden beide zu begrifflichen Raststätten, für die das *Vocabulaire* eine Kartographie entwirft.

Theresa Mayer

---

11 Monika Rinck, »NACH DER POESIE: Warten auf die Ablösung«, in: Monika Rinck, Daniela Seel (Hg.), *Champagner für Pferde*, Frankfurt a.M. 2019, S. 14.

9 »Heterogloss(i)en«

»Défense d'entrer«, »Eintritt verboten«, bedeutet Gastabwehr [...]
[...] wie bei *alter*, der andere von zweien (*alter ego*, ein anderes Ich).
[...] das andere »entre« des »entre-deux« (»Dazwischen«) [...]
[...] Die Schule, the school [...]
Hier ähnelt nichts dem, was wir »bei uns (daheim)« kennen.

Diese fünf Zitate aus der deutschen Übersetzung des Essays »entre« erreichen einen besonderen Sinn ohne syntaktischen Kontext. Sie sind Wortübersetzungen, die nebeneinanderstehen, und wirken allein aufgrund des Wechsels zwischen Sprachen. Derartige appositionelle Worterklärungen nennt man manchmal »Glosse« (γλῶσσα), griechisch für »Sprache« und auch »Zunge«, wie das Lateinische *lingua* und seine romanischen Nachfolger. In den fünf Zitaten zeigt der Text, streckt der Text immer wieder seine fremde Zunge raus. Solche asyndetischen Momente im Text verweisen nicht nur auf die Bedeutung der Sprachenvielfalt im theoretisch-ethnographischen Diskurs von Cassins Beitrag, sondern auch auf die Rede der Geflüchteten selbst, die oft nicht wissen können, auf welche Sprache sie im Moment der Not zurückgreifen sollen.

Wie George Steiner in *After Babel* schildert, entstehen Sprachverschiedenheiten innerhalb jeder Sprache, die immer schon intralingualer Übersetzung bedürfen. Mehrsprachigkeit ist also ein Normalzustand der menschlichen Erfahrung.

Code-switching, Heteroglossie (in Form von Glossen) und andere Fälle der Mehrsprachigkeit in Texten bewirken ein Schillern von Bedeutung. Ob ein mehrsprachiger Moment den Reichtum an Sprachkenntnissen des jeweils Schreibenden widerspiegelt oder aber Zweifel an der Möglichkeit einer Verständigung zwischen Menschen verschiedener kultureller und sprachlicher Hintergründe ausdrückt, hängt davon ab, wie die Abweichung eingeschätzt wird. Ali Kilito gibt zu bedenken, dass bei der Begegnung von zwei Sprachen stets eine zum Tierreich verdammt wird: der eine spricht, während der andere bellt (βαρβαρίζει). Das Risiko bei Glossen ist, den Eindruck zu wecken, dass die eigene Sprache nur ein Bellen ist, während die andere Sprache den angemessenen Ausdruck menschlicher Gedanken darstellt.

Die Nebeneinandersetzung von Wortübersetzungen in verschiedenen Sprachen evoziert vor allem die Schwierigkeit, etwas in einer Sprache ausreichend deutlich auszudrücken. Das gleiche Pathos gilt für den Gebrauch griechischer Wörter in nichtgriechischen Texten von Cicero und Quintilian bis Heidegger und Blumenberg, aber auch für den Gebrauch deutscher Wörter bei Derrida oder Nancy. Es ist ein Zeichen dafür, dass eine Sprache nicht ausreicht. Dieses Zeichen kann entweder als Bereicherung einer Botschaft gelten oder als letzter (vergeblicher) Versuch, sich durch Einzelwörter verständlich zu machen.

Im Fall von Sätzen wie

> »Défense d'entrer«, »Eintritt verboten«, bedeutet Gastabwehr [...]
> und
> [...] das andere »entre« des »entre-deux«(»Dazwischen«) [...]

war es den Übersetzerinnen wichtig, die *figura etymologica* zu »entre« auch im deutschen Text anklingen zu lassen. Die deutsche Übersetzung trägt zur Verständlichkeit bei, indem sie der Passage nicht zuletzt auch ein für das Deutsche bekanntes verbots- und kompositumfreudiges Pathos verleiht.

Ein etwas komplizierterer Fall tritt ein beim Satzteil: »Hier ähnelt nichts dem, was wir ›bei uns (daheim)‹ kennen.« Die Tatsache, dass das französische *chez nous* sich explizit auf ein Gemeinsam-Sein bezieht, muss erst ganz wörtlich (mit der gleichzeitig inklusiven und exklusiven Wirkung der ersten Person Plural) widergespiegelt werden, bevor das Deutsch-Heimatliche als Supplement wirken darf (→ Supplement 12 »Heimat / Lager«). Da kommt ein leichter Zweifel an der Mehrsprachigkeit zu Wort, ohne dass ein einziges französisches Wort auftauchen muss. (Man hört hier das leise, verdeutschte Stöhnen von Kafkas Karl Roßmann beim Englischunterricht.)

In zwei anderen Fällen, wo eine andere Sprache als Deutsch in der Glosse auftaucht, bewirkt das *code-switching* einen Blick in eine fremde Logik. Es sind Fälle, bei denen Cassin schon eine Glosse eingefügt hat, und die Übersetzerinnen wiederholen es mit der *différance*, dass Deutsch (nicht Französisch) davor und dahinter wartet:

> [...] wie bei *alter*, der andere von zweien (*alter ego*, ein anderes Ich).
> [...] Die Schule, the school [...]

Hier erfahren wir, wie Latein mit seinem grammatischen *Dualum* und Englisch mit seinem *lingua franca*-Status Effekte erreichen, die für das Verständnis bei uns Lesenden bzw. für die Kommunikation mit bzw. unter Geflüchteten wertvoller zu sein scheinen als die Sprache des restlichen Diskurses.

Die Mehrsprachigkeit in diesen Textauszügen hat einen insgesamt tröstenden Effekt. Es wird ein Gefühl von Mehrwert vermittelt. Diese Methode ist bekannt aus Texten der kritischen Theorie, der kontinentalen Philosophie und aus allen Philologien, also aus wissenschaftlichen Diskursen, in denen die Mehrsprachigkeit eine zentrale Rolle im Selbstverständnis der Disziplin spielt.

Anders stellt sich das beim Sprachwirrwarr dar, das aus Not hervorgebracht wird im Babel des *encampement*. Da kommen Menschen ohne Französischkenntnisse an und wissen, dass sie schnell die mächtigere Amtssprache erlernen müssen, um überhaupt aus dem *no man's land* des Lagers zu entkommen. Zu diesem Babel (in der Photographie des Wegweisers zur école/school verbildlicht) in Bezug und Kontrast stehend, erweisen sich die oben genannten Fälle der Glossen in Apposition als eine gebildete Variante der Sprachenvielfalt der Sprachlosen, die Cassin im Text beschreibt. Während Theoretiker*innen Sprachkenntnisse sammeln, um eine weitere Sicht über Begriffe und ihre Geschichten zu erhalten, wirkt die Vermehrung neuer Verkehrssprachen unter Geflüchteten eher als Zeichen des Versagens und Zeichen der Akzeptanz des sozial geforderten Monolingualismus (wie er in Frankreich seit der Zentralisierung im 17. Jh. vorherrscht). Phänomenologisch passiert etwas Ähnliches bei der Lektüre dieser Übersetzung: Geflüchtete und Theoretiker*innen befinden sich gesellschaftlich in sehr unterschiedlichen Positionen. Wenn die beiden Parteien *entre* Sprachen handeln, haben sie grundsätzlich unterschiedliche Erfahrungen mit diesem *entre*: als Bereicherung beziehungsweise als Verlust. Dennoch verschmelzen für beide Seiten institutionelle Sprachselbstverständlichkeiten im *entre* der provisorischen Heteroglossie.

Spencer Hawkins

10 »encamp(e)ment«

Mit *Lager* übersetzen wir hier, nicht ohne Reibungen und Verschiebungen, nicht ohne Diskussionsbedarf, *encampement*. Letzteres ein Wort mit recht junger Migrationsgeschichte und illegalem Status innerhalb des institutionell anerkannten und beglaubigten Wortschatzes der französischen Sprache. Jedenfalls schlägt uns, den Übersetzerinnen, ein fett gedrucktes »Cette forme est introuvable!« auf der Seite des *Centre National de Ressources Textuelles et Lexicales* entgegen, wenn wir dort nach einem Eintrag zu diesem Wort suchen – ein Nicht-(W)Ort in der Institution der französischen Sprache. Wenn man *encampement* also aus dem Französischen, in dem es noch gar nicht richtig angekommen zu sein scheint, ins Deutsche übersetzen will, gerät dieser Übersetzungsgang ins Stocken. Keine Passage, kein Durchkommen, zumindest nicht auf direktem, sicherem Wege.

Bevor wir es übersetzen können, müssen wir eine andere Bewegung nachvollziehen, bei der es sich um die Verwendung eines englischen Worts, *encampment*, in französischer Aussprache handelt: *encamp-e-ment*. Ein Lehnwort, ein Wanderwort, das eine sprachlich verzwickte Zone zwischen dem Englischen und Französischen markiert. Die Verzwickung realisiert sich aber auch in einem ganz konkreten geographischen und politischen Sinne, denn wir befinden uns in Nordfrankreich, in der Umgebung von Calais, einer Hafenstadt an der engsten Stelle des Ärmelkanals, der Kontinentaleuropa von Großbritannien trennt und verbindet. Ort des Handels und des Austausches, aber auch der Umsetzung eines gewaltigen Grenzregimes, das sogenannte ›illegale‹ (aus vor allem rassistischen Gründen unerwünschte) Migration in das Vereinigte Königreich verhindern soll, ein Ort, an dem durch bilaterale Abkommen die Vorverlegung der britischen Außengrenze auf das französische Festland mit dazugehörigen Kontrollmechanismen sichtbar wird. Ein Gebiet, das historisch mehrfach mal unter englischer, mal unter französischer Kontrolle stand und symbolisch aufgeladen ist wie beispielsweise das nahe gelegene Dunkerque, das im Zweiten Weltkrieg Berühmtheit durch die Rettungsaktion der *Little Ships of Dunkirk* erlang, bei der hunderttausende britische Soldaten der Einkesselung durch die Wehrmacht entkamen. Geschichten, Überlagerungen und Verwicklungen, die sich in dieses englisch-französische Übergangswort *encamp(e)ment* eintragen – und sich nicht ohne Weiteres in der deutschen Übersetzung sichtbar machen lassen.

Doch beschreibt *encampement* nicht allein die klangliche Überlappung eines englisch-französischen Wanderworts. Es ist keine Wortschöpfung Cassins. Sie entlehnt diesen Begriff dem französischen Anthropologen Michel Agier, mit dem sie in verschiedenen Kontexten zusammengearbeitet hat. Agier benennt mit *encampement* zum einen den konkreten Siedlungstyp, an dem sich Menschen zusammenfinden, die aus verschiedensten Gründen auf der Flucht sind oder ihre Heimat verlassen, in der sie keine Zukunftsperspektiven mehr für sich sehen; zum anderen beschreibt der Begriff auch eine zunehmend generalisierte Praxis der *Verlagerung* oder *Lagerisierung* im buchstäblichen Sinne: die Errichtung von immer mehr Übergangsstätten, an denen es kein Weiterkommen gibt, das im Sinne der flüchtenden Menschen wäre. Diese *Lagerisierung* bringt Lager unterschiedlichster Gestalt hervor: internationale humanitäre Hilfslager, nationalstaatlich verwaltete Internierungslager, Abschiebelager, aber auch informelle, selbst verwaltete ›wilde‹ Lager wie beispielsweise die *Jungles* in Calais. Seit dem Ende des Kalten Krieges lässt sich, so Agier, eine Tendenz beobachten, bei der die Errichtung von Lagern als einzige technische ›Lösung‹ für ein weitreichendes, politisches Problem eingesetzt wird. Der Umgang des Globalen Nordens mit Flucht und Migration in einer kapitalistisch-globalisierten Weltordnung, die auf Ungleichheiten beruht, die sie selbst hervorbringt und vertieft und mit denen kriegerische Konflikte, Hungersnöte oder vom Klimawandel bedingte Naturkatastrophen einhergehen. Die hierdurch hervorgerufenen Migrationsbewegungen sollen durch eine Politik des *encampement* kontrolliert, eingedämmt oder am besten ganz verhindert werden. Diese Politik erzeugt fortwährend Übergangsorte, Nicht-Orte, *hors-lieux*, die bloß keine festen Siedlungen werden dürfen und keine Perspektive eines sicheren An-, Fort- oder Weiterkommens zu bieten haben.

Cassin schreibt hier ihre pluralistische und philologisierende Denkpraxis fort in eine andere Übersetzung: Im Fall der *encampements* in Calais und Umgebung werden die Menschen buchstäblich an der *Übersetzung* nach Großbritannien gehindert; sie sind gezwungen abzuwarten und sich möglichst unsichtbar zu machen, bis sich eine günstige Gelegenheit ergibt, mit viel Glück und unter Einsatz ihres Lebens, auf klandestinem Weg die Passage zu schaffen. Sie sind »Eingelagerte« (*encampés*) durch diese anomischen Topologien der Lager im intransitiven Wortsinn.

Larissa Krampert

11 »Jungles – جنگل, (New) Jungle, Dschungel«

Wie die Chiffre *Jungle (de Calais)* übersetzen? Handelt es sich um einen Ortsnamen, der sich auf eine konkrete Räumlichkeit bezieht? Oder um eine Art Beschreibung, einen Begriff gar, wie z.B. das französische *bidonville*, das heute via Antonomasie für jegliche Form von Elendsvierteln, Slums und informelle Barackensiedlungen steht, obwohl es sich zunächst auf eine bestimmte Kanistersiedlung« (*bidon* = Kanister, aus denen die Behausungen gebaut wurden) in Casablanca bezog.[1] Jedenfalls gibt es bei Cassin eine typographisch auffällige Markierung von Differenz, wenn sie von *Jungle* (mit Majuskel) oder *jungle* spricht, denn, anders als in der deutschen Sprache, stellt die Großschreibung eine Sonderheit dar und sticht deutlich hervor.

Das französische Wort *jungle* ist ein Lehnwort aus dem Englischen, das seinerseits auf das sanskritische जङ्गल (*jángala* – Ödland, Wüste, unkultiviertes Land) zurückgeht, das mit dem persischen جنگل (*jangal* – Wald, Busch) zusammenhängt und zunächst, wie im Deutschen *Dschungel*, den tropischen Urwald des indischen Subkontinents bezeichnete, um dann im übertragenen Sinn für undurchdringliches Dickicht (in tropischen Gefilden) zu stehen. Die Übernahme dieser Signifikanten in die englische (französische, deutsche) Sprache ist ein Relikt europäischer Kolonialgeschichte, die fortwirkt. *Jungle*, *Dschungel* – damit wird bis heute Exotisches, Fernes, Fremdes, Wildes, Undurchdringliches, unkontrolliert Wucherndes assoziiert. Unzivilisiertes Land, das *Gesetz des Dschungels*.

Wenn von *Jungle* die Rede ist, verweist dies auf die spezifischen und konkreten Auswirkungen, die die rassistische Migrationspolitik der EU, insbesondere ihr Grenzregime, im Agglomerationsraum von Calais und darüber hinaus einschreibt.[2] In diesen Regionen entlang des Ärmelkanals finden sich seit den späten 1990er Jahren Menschen in provisorischen und größtenteils informellen Camps mit katastrophalen Lebensbedingungen zusammen, die auf der Flucht sind und in das Vereinigte Königreich zu gelangen suchen, ohne dass ihnen

1 Vgl. Raffaele Cattedra, *Bidonville: paradigme et réalité refoulée de la ville du xxe siècle*, in: Jean-Charles Depaule (Hg.), *Les mots de la stigmatisation urbaine*, Paris 2017, S. 123–163, hier S. 123ff.

2 Ähnliche prekäre Zeltsiedlungen gibt es auch in Belgien oder den Niederlanden und Nordspanien, sie bilden ein Netzwerk, das im Austausch mit migrantisch-illegalisierten Communities in Brüssel oder Paris steht, entlang derer die kriminalisierten, weil von europäischen Regierungen ungewünschten, Migrationsversuche verschiedener Menschen vor allem aus Afghanistan, Pakistan, Iran, Irak, Syrien sowie Sudan, Eritrea und Äthiopien unternommen werden. Vgl. Thomas Müller, *Eine Vorbemerkung zur deutschsprachigen Ausgabe – die Aktualität des Jungle*, in: Michel Agier, *Der »Dschungel von Calais«. Über das Leben in einem Flüchtlingslager*, übers. v. Wolfgang Freund, Bielefeld 2020, S. 15.

dabei sichere und ›legale‹ Wege gewährt werden, Menschen, die auf ihre Asylbescheide warten und keine andere angemessene Unterkunft gestellt bekommen oder als *Sans-Papiers* dauerhaft in der sogenannten Illegalität leben, ein Leben *in* der Grenze.

Die Ortsbezeichnung *Jungle(s)* ging zunächst von afghanischen und iranischen Geflüchteten selbst aus, die in den späten 2000er Jahren in einem Waldstück am Rand eines Industriegebiets namens *Zone des Dunes* ihre dürftigen Zeltlager aufgeschlagen haben und einfach auf diesen Wald verwiesen, wenn sie von *jangal/jungle* sprachen: »Eigentlich also ein pragmatisch gewählter, situativ variierter und zudem in mehreren relevanten Sprachen verständlicher Ortsname«,[3] wie Thomas Müller in seiner Vorbemerkung zur deutschen Ausgabe der anthropologischen Studie *La Jungle de Calais* anmerkt. *Pragmatisch gewählt*, *situativ variierbar,* weil *in mehreren relevanten Sprachen verständlich*: relevant ist in diesem Kontext nicht das französische *jungle* (da diese Sprache in der Regel nicht von den Exilierten gesprochen wird und ihnen nichts nützt) und auch nur bedingt das englische *jungle* im Kontext des *globish* (wie Cassin die dominierende, internationale Verkehrs- und Verwaltungssprache nennt), sondern eine signifikante Überlappungszone von Paschtu, Farsi und Urdu, die sich der kolonialistischen Semantik des englischen bzw. französischen *jungle* entzieht.

Neben den verschiedenen, verstreuten *Jungles* in *Zone des Dunes* bildete sich aber auch, auf dem Höhepunkt der sogenannten Migrationskrise 2015/16, ein »spezifische[r] Jungle«,[4] der *Jungle de Calais* (im Singular), der zum Inbegriff des ›Dschungel von Calais‹ wurde und eine enorme mediale Aufmerksamkeit erfuhr«.[5] *Jungles* als Bezeichnung für die im Waldstück von *Zone des Dunes* aufgeschlagenen Zeltlager und die spezifische Ortsbezeichnung *Jungle de Calais* wurden im Laufe der Zeit sowohl von den Einwohnern von Calais, den Hilfsorganisationen und Solidaritätsgruppen als auch von den Medien, der

3 Ebd., S. 16.

4 Ebd., S. 17.

5 Ebd.

Politik und den Rechtsextremisten als Bezeichnungen aufgenommen. Insbesondere letztere, aber auch weite Teile der konservativen oder gemäßigten Medien- und Politiklandschaft, knüpften direkt an kolonialistisch-rassistische Motive an, die in den englisch-französischen Signifikanten *jungle* eingeschrieben sind, und schürten so aktiv Ängste und Vorurteile vor Menschen auf der Flucht, indem sie Szenarien des Kontrollverlustes oder der Überfremdung heraufbeschworen.[6] Auch im deutschsprachigen Diskurs war meistens nur von *Dschungel* (stets im Singular), mal in Anführungszeichen, mal mit dem Zusatz *sogenannt* die Rede, wenn über die Situation vor Ort berichtet wurde. Wer aus welcher Perspektive mit welchen sprachlichen Hintergründen von *jungle* spricht, hat einen maßgeblichen Einfluss auf die semantische Konnotation, die unterschiedlichste Reaktionen und Handlungen nach sich ziehen, verschiedene Realitäten schafft. Praktisch und verständlich oder exotisierend und beunruhigend.

Cassin nimmt uns an den singulären Ort des *Jungle de Calais* mit. Ihr Beitrag ist zu weiten Teilen ein Nachdenken darüber, wie sich die Komplizierungsarbeit, die sie mit den Unübersetzbaren anstrebt, mit den Ereignissen im *Jungle de Calais* zusammenbringen lässt. Sie versammelt hier Eindrücke ihres Besuches im Mai 2016, kurz nach der Räumung der Südzone. Ab dem 24. Oktober fand dort die vollkommene, von den französischen Behörden angeordnete, Schleifung dieser quasi-urbanisierten Zeltsiedlung statt, in der zuweilen mehr als 10.000 Menschen lebten; ein Ort an dem sich »ein komplexes soziales, politisches, ökonomisches, kulturelles und religiöses Leben«[7] mit kleinen Geschäften, Räumen diverser Hilfsorganisationen, Schulen, Kirchen und Moscheen entfaltet hatte. Ein »bestimmter Siedlungstyp«,[8] der die Möglichkeit einer »migrantischen Stadt«[9] erprobte: ein Ort der Konvivialität und Kohabitation, ein *New Jungle*, der sich den hegemonialen Logiken des europäischen Grenzregimes entzog,

6 Ebd., S. 16f.

7 Ebd.

8 Ebd.

9 Ebd., S. 21.

Widerstand leistete und andere Narrative als die der gängigen Opfer- und Verfremdungsdiskurse in Bezug auf die dort lebenden Menschen schuf, an deren Entwicklung auch »tausende europäisch[e] Staatsbürger_innen Anteil [nahmen] – etwa als freiwillige Helfer_innen, politische Aktivist_innen, Künstler_innen, Architekt_innen, Autor_innen, Mediziner_innen, Lehrer_innen, Handwerker_innen oder Forscher_innen«[10] und diese anderen Narrative auf diese Weise in die europäische Zivilgesellschaft einbanden. Trotz der brutalen Zerstörung des *Jungle de Calais* bedeutete dies kein Ende der Migrationsversuche verschiedener Menschen in Calais. Vielmehr hat sich ihre Lage nur noch verschlimmert, die sich in der (Re-)Dissemination der Camps ausdrückt, welche nur schwer zugänglich sind und in denen die Bewohner:innen und Helfer:innen regelmäßig polizeilicher Schikane und Gewalt ausgesetzt sind. Auch die Versuche nach Großbritannien zu gelangen, werden immer gefährlicher, da es nun vermehrt zu Querungen des Ärmelkanals mit ungeeigneten Booten kommt.[11]

Von *jungle* oder *Dschungel* aus englisch-französisch-deutscher Perspektive in Zusammenhang mit diesem *New Jungle* des *Jungle de Calais* zu sprechen, verschleiert nicht zuletzt die Rolle des französischen Staates und seiner Behörden, die keineswegs tatenlos den Geschehnissen gegenüberstanden und die Kontrolle verloren, den vermeintlichen Wucherungen eines Dschungels nicht Herr wurden, sondern diesen Raum überhaupt erst hervorbrachten, ihn »moderiert[en], exkludiert[en] und schließlich zerstört[en]«.[12] Nach der Schleifung wurde das gesamte Gebiet 2017 zunächst zur Sperrzone erklärt, ein Teil liegt bis heute brach. In der nördlichen Zone wurde mittlerweile ein Naturschutzgebiet für Zugvögel – *oiseaux migrateurs* im Französischen genannt – eingerichtet, das mit EU-Mitteln finanziert wurde. »Absurd? Absurd.«[13]

Larissa Krampert

---

10 Ebd., S. 17.

11 Vgl. ebd., S. 26f.

12 Ebd.

13 Cassin, »entre«, S. 85 im Band.

12 »Heimat«/ »Lager«

Cassins Denken der Übersetzung berührt Fragen der Zugehörigkeit, Ausgeschlossenheit und Staatenlosigkeit, des Aufenthaltsrecht, der Gastfreundschaft und -feindschaft. Ihre philologisch-philosophischen Interventionen sind daher auch ein eminent politisches Statement. Dies wird besonders deutlich, wenn sie von ihrem Besuch des Geflüchtetenlagers in Calais im Mai 2016 berichtet und dabei ihr Sprechen und Schreiben – stark oszillierend zwischen historischer Vergangenheit und historischem Präsenz – aus ihrer singulären Zeugenschaft heraus entwickelt.

Aus der Perspektive des Lagers Calais, das Cassin erreicht, als ein Teil – die Südzone, der »Dschungel von Calais« (→ Supplement 11 »*Jungles* – جنگل, (New) Jungle, Dschungel«) – gerade schon niedergerissen worden ist, stellt sich die Frage von Zugehörigkeit und Gastfreundschaft, von Aufenthalt und Bleibe noch einmal radikal anders.

Das Lager von Calais ist in Cassins Ausführungen ein Paradox: Es ist da und schon nicht mehr da; es ist ein *no man's land* voller Menschen. Das Niederreißen eines Teils des Lagers bedeutet keine Freiheit, sondern bedingt vor allem das Verschwinden von Menschen – in ein absolutes Nirgendwo. Cassin zeichnet die Spuren davon auf, dass hier gerade noch etwas war, was nicht mehr ist. Ihr Besuch bleibt gespenstisch. Es finden keine Begegnungen mit Geflüchteten statt und nur flüchtige Begegnungen mit freiwilligen Helfern. Keine Rede der Geflüchteten wird wiedergegeben, sie skizziert allein ein paar Schicksale in groben Zügen. Stattdessen gibt sie mehrfach im *discours indirect libre* Fetzen einer Rede wieder, die »uns« betrifft. Dabei zeigt sie, wie jedes Mal, wenn wir »man« (frz. on) sagen und »wir« (frz. nous) meinen, sich dieses »man« = »wir« in räumliche Kategorien übersetzt und daraus ein »chez soi« (bei sich) = »chez nous« (bei uns) wird, dem »jene« oder »die« – angezeigt allein über ein Objektpronomen – gegenüberstehen.

Substantiviert werden die französischen adverbialen Wendungen zu Bindestrichwörtern: »chez-soi«, »chez-nous«. An dieser Stelle taucht in der deutschen Übersetzung das Wort »Heimat« auf. Die Standortbestimmung des Wir ist zu einer Festung geworden; ihre Festigkeit verdankt sie vor allem dem prekären »no man's land voller Menschen«, einem namenlosen »Man-Land«, von dem sich als positive Identität und Identifizierung eine »Heimat« absetzt und abgrenzt.

»Heimat« und »Daheim« in der deutschen Übersetzung zu schreiben ist nicht unschuldig, sondern spitzt etwas zu, was in der dichotomen Gegenüberstellung von »encampement« und »chez-soi« / «chez-nous« als politisches Problem angesprochen ist. »Heimat« und »Daheim« ebenso wie »Lager« reichern die deutsche Übersetzung mit historisch geladenen Wörtern an, die über die deutschen Sprach- und Kulturgrenzen weithin als Unübersetzbare *made in Germany* bekannt sind.

Das Signalwort »Heimat«, das durch die Übersetzung auftaucht, verschiebt damit etwas in Cassins Rede. Gleichsam als Palimpsest von Cassins übersetzungsphilologischer Intervention in der Flüchtlingskrise 2015ff., die das Mittelmeer betrifft und vom Ärmelkanal her in den Blick genommen wird, scheint eine nationaldeutsche Vorstellung engster Verquickung von Sein, Affekt und Politik auf, in dessen Namen bzw. aus dessen Logik heraus im Nationalsozialismus das System der Konzentrations- und Vernichtungslager entstanden ist. Übersetzend wird also eine Resonanz verstärkt, die in Cassins Text diskret angelegt ist, ohne dass die geschichtlichen Parallelen zum Nationalsozialismus explizit ausgeführt würden. Explizit ausgeführt würde eine Parallelisierung vermutlich Abwehr hervorrufen. Die Stärke des Textes liegt gerade darin, den deutschen Genozid an den europäischen Juden in seiner gespenstischen Dimension, als Phantasma, mitsprechen zu lassen.

Die politische und existentielle Frage der Zugehörigkeit und des Aufenthaltsrechts bleibt nichtsdestoweniger von höchster Dringlichkeit. Sie kann und muss gestellt werden jenseits der Verwurzelung und anders als über etymologische Wurzel-Philologie, durch welche die Unübersetzbarkeit von bestimmten Wörtern stets ontologisiert worden ist – in diesem Fall als direkte Ableitung eines Zuhause vom

Ackerboden. (In ihrem Buch *Nostalgie* zitiert Cassin den Vers, mit dem Parmenides das »Sein« beschreibt: empedon autothi menei, »il reste là planté dans le sol«).

Cassin setzt mit Arendt auf die Sprache, und auch noch einmal emphatisch auf die »Muttersprache«. Sie schreibt in diesem Zusammenhang, und das wirkt leicht irritierend, dass die »Muttersprache« bei Arendt »la seule patrie« sei: übersetzt ins Deutsche: »das einzige Vaterland« oder auch: »die einzige Heimat«. Eine merkwürdige Übersetzung oder Wiedergabe von Arendts wörtlicher Aussage: »Die deutsche Sprache jedenfalls ist das Wesentliche, was geblieben ist, und was ich auch bewußt immer gehalten habe.« Man sieht, wie das »Wesentliche« ins Vaterländische, Heimatliche drängt und umgekehrt. Dabei geht es Cassin ja doch darum, die »Muttersprache« dezidiert von territorialen und nationalstaatlichen Vorstellungen abzulösen. Warum fügt sie dafür »la patrie« als Vorstellungsbereich ein? Welche Vaterinstanz kommt da noch einmal zurück?

Der »Geist« der vaterlos aufgewachsenen, vor den Nazis geflohenen, exilierten Philosophin Hannah Arendt spricht als »mind« längst Englisch. »In the back of my mind« – die Formulierung ist berühmt »bleibt die Muttersprache«: als Poesie (und vermutlich nicht nur deutschsprachige Poesie, wie Renken zurecht bemerkt hat)[1] und nicht so sehr als Sprache des Denkens; sondern vielmehr als Melodie, Sound und Akzent; dem kindlichen Lallen noch vor dem Eintritt in die väterliche symbolische Ordnung nah, Nachahmung von mütterlichem Singsang oder unverständliches Babbeln: im Cassin'schen Sinne »barbarisch« (→ Supplement 14 »Barbarische Sprache«).

Judith Kasper

---

1 Arno Renken, »Traduire, relier. Pluralité des langues et langue maternelle chez Arendt«, in: Franziska Humphreys (Hg.), *Penser la traduction*, Paris 2021, S. 47–70, hier S. 57.

13 »Homme«

> Ce sont, mais non, ce ne sont pas des hommes comme moi.
> Das sind – aber nein, das sind nicht Menschen wie ich.

Mit der Stimme einer rassistischen Gesellschaft sprechend, die Flüchtlinge vom Menschsein ausschließt, klagt Barbara Cassin, uns mit dieser Stimme konfrontierend, die Anerkennung der im *jungle de Calais* Lebenden und Ausharrenden und Kämpfenden als Menschen ein. Zugleich setzt ihr Satz zunächst damit an, die Flüchtlinge allein unter den Begriff des »Menschen« zu subsumieren, reduziert auf Objekte humanitärer Obhut vielleicht – nur um dann sogleich die Subsumierten als dieser Definition, dem »ich« als imperialem Zentrum der Definition und Prototypen des Menschen, nicht genügend zu erachten. Von einem »ich« allgemein und ihrem eigenen »ich« aus sprechend, benennt sie eine durch das Wechselspiel von Einschluss und Ausschluss erzeugte, die Situation der Flüchtlinge auszeichnende Differenz, auf welche die Beteuerung des »Das sind [auch] ...« vielleicht notwendige, doch niemals hinreichende Antwort ist. *In nuce* enthält der Satz Cassins damit bereits zwei komplementäre Problematiken, die sich für den politischen Gebrauch der anthropologischen Differenz stellen: Die Gefahr, in Berufung auf Universalität einen partikularen Anspruch imperial durchzusetzen, einerseits und andererseits die Gefahr, durch Verzicht auf den Universalitätsanspruch eine Fixierung auf partikulare Identitäten festzuschreiben, bilden einen Rahmen, von dem aus ich im Folgenden Cassins philosophisch-anti-philosophische Berufung auf die Universalie des Menschen zu charakterisieren versuche.

A) Auf der einen Seite läuft jede universalistische Berufung auf eine durch eine spezifische Differenz definierte Menschheit Gefahr, hierdurch zugleich einen Ausschluss aus der Menschheit zu setzen, nicht bloß eine gewisse hierarchisierende Norm des Menschlichen zu setzen, der nicht alle Menschen gleichermaßen entsprechen, sondern gar dem Menschlichen eigentümliche Potentiale ganz auszuschließen.

Für Cassin gilt es, die Definition als theoretische Festschreibung selbst infrage zu stellen, was sie etwa versucht, wenn sie Arendts Aufnahme der aristotelischen Definition des Menschen als eines politischen Tieres als Rückverweis einer sophistischen Politik ins Vorphilosophische, Vortheoretische versteht.[1] Zugleich bietet Arendt selbst Beispiele für die Gefahren noch einer aufs Politische ausgerichteten Festschreibung der anthropologischen Differenz: Selbst wer wie Arendt wohlmeinend die patriarchalen, rassistischen oder nationalistischen Ausschlüsse von der Ausübung dessen, was für sie das dem Menschen eigentümliche Vermögen ist – das Handeln –, politisch kritisiert, läuft Gefahr, durch das Verständnis der anthropologischen Differenz eben jene Ausschlüsse zu bekräftigen – so etwa wenn Arendt Aufstände der Versklavten, die Mobilisierung der *sans-culottes*, die ökonomischen Forderungen der US-amerikanischen Schwarzen Bürgerrechtsbewegung oder die vermeintliche Kollaboration der ›Judenräte‹ gerade nicht als politisches Handeln anzuerkennen vermag.[2]

Cassin benennt die Gefahr des Universellen in der letzten Konsequenz: »L'Universel ne connaît qu'un seul fonctionnement, l'exclusion. Universel ou rien.«[3] [»Das UNIVERSELLE kennt einzig die Funktion des Ausschlusses. Universell oder nichts.«] Und dieser Ausschluss ist der Ausschluss des Anderen zum Einen, denn: »L'universel est toujours l'universel de quelqu'un.«[4] [»Das Universelle ist immer jemanden Universelles.«] Gerade auch für Aristoteles arbeitet Cassin diese Gefahr heraus, wenn sie den Ausschluss der Barbaren vom den Menschen definierenden *logos* benennt als konstitutiven Kontext der aristotelischen Philosophie, wenn sie nachzeichnet, wie Aristoteles den Satz vom Widerspruch leugnende Sophisten aus der Menschheit

---

1 Cassin, *L'effet sophistique*, S. 258.

2 Hannah Arendt, *On Revolution*, New York / London 1990, S. 34, 61; dies., *Eichmann in Jerusalem. A Report on the Banality of Evil*, New York / London 1994, S. 11; dies., »Reflections on Little Rock«, in: *Dissent*, Winter 1959, Philadelphia 1959, S. 45–56.

3 Badiou u. Cassin, *Homme, femme, philosophe*, S. 55.

4 Cassin, *Éloge de la traduction*, S. 35.

als nicht-sprechende Pflanzen ausschließt. Die Grundstruktur des Ausschlusses ist bereits im Wort *homme* – als Mensch und Mann, der Mensch als Allumfassendes, das jedoch durch das Muster des Mannes als ausschließendes Konzept definiert ist – angelegt, welches Cassin insbesondere in ihren Gesprächen mit Alain Badiou ausspielt: Selbst wenn Badiou noch den *homme* von der als das Nichttotalisierbare verstandenen *femme* her definiert, zeigt Cassin, wie selbst dieses Denken eine patriarchale Unterordnung der Frau unter den Mann wie der Sophistik unter die Philosophie impliziert:

> Les antiphilosophes pour mieux servir la philosophie, les sophistes pour faire progresser la pensée de Platon et celle d'Aristote, et pourquoi pas la femme pour aider l'homme à être mieux lui-même ? Je résiste, je résiste.[5]

> Die Antiphilosophen sind also dazu da, dass der Philosophie besser gedient ist, die Sophisten gibt es zum Wohle des Fortschritts des Denkens bei Platon und Aristoteles, und warum soll dann nicht auch die Frau dazu da sein, dem Mann/Mensch dabei zu helfen, er selbst zu sein? Da widersetze ich mich.

Zuflucht sucht Cassin nicht in einem dialektischen Verständnis der Natur des Menschen als einer Natur, die gerade darin besteht, dass der Mensch diese seine Natur erst dadurch ist, dass der Mensch sie begreift, bestimmt und darin verändert, worin die Einheit *des* Menschen jedoch vorausgesetzt bleibt. Stattdessen beharrt sie noch in der aristotelischen Bestimmung des Menschen zu Beginn der *Metaphysik* auf die irreduzible Polysemie in jedem Glied dieser Pseudodefinition (»Man muss ihn zu komplizieren verstehen, die Definition jeder seiner Teile variieren«, S. 87 in diesem Band). Obwohl sie noch auf *einer* für sie besten Bestimmung des Menschen beharrt, nähert sie sich damit einer Position, welche Étienne Balibar[6] markant zu beschreiben ver-

5 Badiou u. Cassin, *Homme, femme, philosophe*, S. 160.

6 Étienne Balibar, »Ontological difference, anthropological difference, and

mag: Um der praktischen Gefahr der inneren Gegenwendigkeit der Definitionen des Menschen, deren negativ selbstbezügliche Universalität zugleich den Anspruch des Einschlusses des Ausgeschlossenen wie die (der Universalität widersprechenden) Ausschlüsse etwa der Frauen, der Kranken, der Kriminellen etc. hervorbringt, zu begegnen, ist es nötig, in theoretischer Perspektive gerade die Vielzahl der unterschiedlichen anthropologischen Differenzen aufrechtzuerhalten, auf die hinzuweisen einen Ausweg aus der gewaltsamen Verstellung durch nur eine universelle Definition anbieten kann.

B) Einen möglichen umgekehrten Vorwurf an ihre relativistische Position diskutiert Cassin immer wieder unter den Namen Apel und Habermas: Sie verweigert sich gerade, den – sophistischen – Streit einer vorrangigen Forderung nach der Orientierung an der Möglichkeit eines rationalen Konsenses zu unterwerfen,[7] sie verweigert das formale Kriterium der Habermas'schen Verallgemeinerungsfähigkeit als Bedingung des politischen Diskurses, dessen Verletzung für Habermas zur Verunmöglichung der Demokratie durch die Bildung von Fraktionen und fixierter Identitäten führt, welche Cassin jedoch gerade auf andere Weise als durch den Verweis auf ein Universelles ins Fließen zu bringen sucht. Noch jenes Habermas'sche Verständnis demokratischer Politik fällt Cassins Ablehnung eines gewissen totalitären Missverständnisses der Politik zum Opfer: »La politique ne consiste pas à imposer universellement la Vérité (ou à imposer la vérité universelle)«.[8] Mit Arendt beharrt sie auf einem Verständnis der Politik, für die die Partikularität und Verschiedenheit der Menschen unhintergehbarer Ausgangspunkt bleibt: »1. Politik beruht auf der Tatsache der Pluralität der Menschen. [...] 2. Politik handelt von dem

equal liberty«, in: *European Journal of Philosophy,* Band 28, New York 2020, S. 3–14.

7 Barbara Cassin, *Aristote et le logos*, Paris 1997, S. 22; zu einem alternativen, sophistischen Konsensmodell vgl. dies., *L'effet sophistique*, S. 192–195.

8 Cassin, *Éloge de la traduction*, S. 171.

Zusammen und Miteinander-sein der Verschiedenen.«[9] Cassin bindet ihren Relativismus an die Universalie des Menschen nur als eine außerphilosophische Gegebenheit (→ Supplement 2 »Donation«), bestimmt durch die Pluralität der Menschen und den relationalen Zusammenhang der Gesamtheit aller menschlichen Erfahrungen und Situationen.

Was bleibt in diesem Verständnis der Politik, dem Cassin auch ihre philosophische Strategie unterordnet, noch von der Universalität des Menschen, welche für Cassin doch eine notgedrungen-notwendige Annahme bleibt? Ist Cassins Aufweis der Vertracktheit des Universalismus nur ein Vorwand, um ihn ganz zu verabschieden? Jacques Rancière hat darauf hingewiesen, dass eine gewisse »anspruchsvollere Form von Universalismus«[10] gerade kein auferlegtes formales Kriterium der Verallgemeinerbarkeit braucht. Ein gewisser situierter Universalismus, eine »polemische Singularisierung der Differenz des Universellen mit sich selbst«[11] zeige sich gerade im politischen Handeln jener von einem herrschenden Universellen Ausgeschlossenen, die sich selbst als das Universelle setzen – über jede Kompromissfähigkeit mit einer herrschenden Ordnung hinweg: Ein Beispiel, das Rancière nennt, ist etwa Jeanne Deroin, die sich ohne im Vorhinein verbürgtes Wahlrecht für Frauen 1849 zur Parlamentswahl aufstellte.[12]

Man mag auch an die haitianischen Revolutionäre denken, welche als *nègres/noirs* ihre Freiheit einforderten, in diesen Begriffen jedoch allgemein Vertreter dieser Freiheit wie weiße Überläufer der napoleonischen Armee und weiße Ehefrauen mit einschlossen, wenn etwa die Verfassung von 1805 *noirs* zum Titel aller Bürger erklärte, gespiegelt noch im heutigen Kreol, in dem als *nèg* gar ein

---

9 Hannah Arendt, *Denktagebuch*, Band 1: 1950–1973, München 2002, S. 15 f.; vgl. Cassin, *Éloge de la traduction*, S. 148.

10 Jacques Rancière, »Kritische Fragen an die Anerkennungstheorie«, in: Axel Honneth u. Jacques Rancière, *Anerkennung oder Unvernehmen? Eine Debatte*, Frankfurt a.M. 2021, S. 61–72, hier S. 62.

11 Ebd., S. 71.

12 Jacques Rancière, *La Mésentente. Politique et philosophie*, Paris 1995, S. 66.

jeder Mensch angesprochen werden kann. Nicht diesen Ereignissen ist eine universelle Wahrheit auferlegt, sondern von der Wahrheit dieser Ereignisse her lässt sich ein neues Verständnis des Universellen und des Humanismus auch in der Philosophie gewinnen. Der Prototyp einer solchen Position der situierten Universalität ist für Rancière jedoch ausgehend von der *Kritik der hegelschen Rechtsphilosophie* des jungen Marx das Proletariat. Wenn Marx das Proletariat als universelle Klasse beschreibt, bedeutet dies nicht bloß, dass das Proletariat historischer Agent der Bewusstwerdung eines universellen Inhalts und damit der Selbstbewusstwerdung der Menschheit ist. Auf ökonomischer Ebene wird der Begriff der universellen Klasse konkret etwa durch die Erfahrung der Austauschbarkeit der auf einem allgemeinen Arbeitsmarkt verfügbaren Arbeit und durch die Verkörperung der Gesellschaftlichkeit der kapitalistischen Produktion in der gemeinsamen Arbeit der Lohnabhängigen. Schließlich ist das Proletariat als Klasse Ausdruck eines *universellen Leids*, das nur aufgehoben werden kann, indem die Klassen schlechthin aufgehoben werden, das Proletariat verkörpert die Forderung nach der Aufhebung aller Klassen als eine Klasse: »Diese Auflösung der Gesellschaft als ein besonderer Stand ist das *Proletariat.*«[13] Badiou beschreibt diese spezifisch politische (und nicht idealistische oder ökonomische) Konstitution des Proletariats als Möglichkeit, aus ihrem Nichts ein Alles zu machen: »Nous ne sommes rien, soyons tout!«[14] Ähnlich wird es bei Rancière zu dem Subjekt, das den politischen Einschluss alles Ausgeschlossenen ausdrückt, über die realen und auch in der Geschichte des Marxismus immer wieder unterschätzten ökonomischen und ideologischen Spaltungen des Proletariats hinweg.

Für Cassin hingegen bleibt es undenkbar, dass der Ausdruck der Menschheit, des Universellen in einem »besonderen Stand« etwas

13 Karl Marx, »Zur Kritik der Hegelschen Rechtsphilosophie. Einleitung«, in: *Marx-Engels-Werke*, Band 1, hg. v. Institut für Marxismus-Leninismus beim ZK der SED, Berlin 1981, S. 378–391, hier S. 390.

14 Alain Badiou, »Qu'est-ce que j'entends par marxisme?«, Paris 2016, S. 43. Siehe dort auch zu den drei Aspekten der Universalität des Proletariats.

anderes als ein (womöglich pragmatisch zu befürwortender) Betrug sein kann, dem sie ein aufklärerisches »savoir l'exclusion«[15] entgegensetzt. Doch Cassin bleibt immer *auch* Philosophin, Sprecherin auch einer auf eine gewisse Universalität des Menschen bezogenen Sprache der Universalität, und dabei trotz allem auch Meisterin des *modus barbara* der Allgemeinschlüsse. Gerade in ihren Aristoteles-Lektüren ist sie nicht bloß von außen auf Aristoteles schauende Sophistin, sie zeigt vielmehr, wie in Aristoteles selbst die Sophistik am Werk ist, als das von der Philosophie Ausgeschlossene, das letztere zugleich durchzieht und fundiert. Wenn Badiou in der den Relativismus philosophisch verteidigenden Cassin noch »le (la) philosophe«[16] sieht, der (die) nicht zu sein sie vorgibt, so beharrt Cassin darauf, dass es diese paradoxe Position der durch die Differenz der *femme* gebrochenen Universalität des *homme* zwar geben mag, sie aber nicht das ist, auf das es ihr ankommt (»ce qui est vraiment déterminant pour moi, ce n'est pas la position paradoxale, c'est le changement de position, la mobilité«[17]). Cassin bleibt beweglich, die Komplizierung des Universellen (→ Supplement 5 »compliquer l'universel«) muss für sie kein Anspruch der Philosophie sein, es kann auch Anspruch einer Pädagogik sein, das Streben *der Menschen* nach Erkenntnis zu erfüllen, oder der einer guten Praxis der Kulturpolitik,[18] nicht weniger, aber auch nicht unbedingt in jeder Situation sehr viel mehr. Die Selbstbehauptung als Philosoph(in) bleibt zweitrangig.

Und doch gibt sie auch ihrer eigenen, vom Geschlechterverhältnis her gedachten paradoxen Bewegung zwischen der Philosophie und der Nicht-Philosophie einen Namen: »passser«[19] mit dreifachem *s* – ein Durchschreiten der Philosophie, aber auch ein gelegentliches Vorübergehen an der Philosophie, das Aussetzen der Philosophie gegenüber einem Außen, von dem aus sie im *pas* negiert wird, ohne dass

15 Cassin, *Éloge de la traduction*, S. 153.

16 Badiou u. Cassin, *Homme, femme, philosophe*, S. 46.

17 Ebd., S. 73.

18 Cassin, *Éloge de la traduction*, S. 172.

19 Badiou u. Cassin, *Homme, femme, philosophe*, S. 77.

die Bewegung jemals bei *einer* spekulativen Einheit von Philosophie und Nicht-Philosophie zur Ruhe kommen könnte, zur Ruhe kommen könnte bei bloß zwei Signifikanten *s* und *s* einer leeren sexuellen Differenz, ohne ihre weitere barbarische Wiederholbarkeit im Schreiten eines *passser* mit zu denken.

Jonathan Schmidt-Dominé

14 »barbarische Sprache«

Der Name »Barbara« erinnert heute kaum mehr an »Barbarei« – er wird als »die Fremde« gedeutet. Mit genauso wenig Hauch von Barbarei kann das scholastische *barbara* (dreimal »a« für *affirmare*) als Erinnerungswort dafür funktionieren, wie zwei positive, logisch verkettete, allgemeine Aussagen zu einer dritten führen. Zum Beispiel: Alle Menschen sprechen eine Sprache. Alle Sprachen sind Griechisch. Ergo: Alle Menschen sprechen Griechisch. Barbara Cassin ist Altphilologin, deren Namensbedeutung auf das Andere der Griechen hinweist. Es scheint, als orientiere ihr Name ihren Blick auf die Antike. So zeigt sie im ersten Zusatz zum Eintrag »traduire« im *Vocabulaire européen des philosophies* die griechische Logik, das Fremde auszuschließen. Im Mittelpunkt steht da die Sprache, sowohl im Zeichen des Worts βάρβαρος als auch in der im Wort angedeuteten Sprachunfähigkeit des Barbaren.

Im Griechischen kennzeichnet *barbar* (βάρβαρ-), wie das englische *blah blah blah* und das französische *blablater*, lautmalerisch leere Worthülsen und schafft, so Cassin, »un effet d'inintelligibilité«.[1] Die Unverständlichkeit einer barbarischen Sprache stellt sogar in Frage, ob es sich dabei noch um eine menschliche Sprache handelt.[2]

1 Cassin (Hg.), *Le Vocabulaire européen des philosophies*, S. 1306.

2 Ebd.: »un tout autre que soi, inintelligible, et dont l'humanité même peut faire question« [ein ganz anderer als man selbst, unverständlich, so dass dessen Zugehörigkeit zur Menschheit gar in Frage steht].

Die Wiederholung der sinnlosen Buchstaben -βαρ- bildet das Gerede des anderen als schlechte Unendlichkeit ab. Wie ein Zwitschern oder ein Bellen wird die Nicht-Sprache der Barbaren als eine ewige Wiederholung des gleichen Unsinns geschildert. Anstatt der kombinatorischen Kreativität, die z. B. in Ernst Cassirers neokantischer Sprachauffassung eine menschliche Sprache ausmacht, bestätigt die Wiederholung eines einzelnen Lauts, dass kein symbolträchtiger Inhalt in diesem Geräusch gemeint wird – und das, obwohl die Lautwiederholung ein festes Merkmal der griechischen Konjugation bildet. Es heißt in der altgriechischen Grammatik »Reduplikation« und taucht als reimendes Präfix bei der Perfektform der meisten altgriechischen Verben auf. »Zeigen« heißt δεῖκνυμι, im Perfekt δέδειγμαι; »schreiben« heißt γράφω, im Perfekt γέγραφα; »tun« heißt πράττω, im Perfekt πέπραγμαι. Das positivistische Geschichtsdenken, welche das altgriechische Bewusstsein als kindähnliche Vorstufe des modernen europäischen Bewusstseins auffasst, meinte diese morphologische Reduplikation auf das infantile Lallen zurückführen zu können. Kinder genießen das Gefühl eines Worts im Mund und wiederholen es, ohne über die sinnstiftende Funktion des Worts nachzudenken. Dafür kennt auch jeder die spätere Kindheitserfahrung, worin die schnelle mündliche Wiederholung das Wort plötzlich in einen fremden Laut verwandelt.

Den Rausch dieser veränderten Beziehung zu einem bekannten Wort kann man kurz genießen, bevor das Wort irgendwann doch wieder vertraut wird, so wie die Wiedererkennung des immer schon erlebten Selbst beim Aufwachen aus einem Traum. Eine Pause im Rausch der Gedanken, ein Moment des Hinterfragens kann uns aus dem Traumzustand der Gewissheit über das Wesen der anderen erwachen lassen. Aber ehe der Moment des Zweifelns einsetzt, kann man eine bunte Welt am Rand des Menschlichen imaginieren: die skythischen Pferdereiter werden zu Zentauren; die imaginären Stämme der östlichen Bogenschützen – nach einer Deutung – zu einbrüstigen (αμαζόνες, wörtlich »ohne Brust«) Kriegerinnen.

Das Nachdenken mag wohl eine notwendige Bedingung für das Hinterfragen des Vorurteils sein, Barbaren seien der Sprache unfähig. Umgekehrt schließt die Bewunderung für das Nachdenken anderer Menschen, zumindest beim griechischen Philosophiehistoriker Diogenes Laertius, fremde Denker nicht ein. Er widmet die ersten Seiten seiner Schrift *Leben und Meinungen berühmter Philosophen* zur Widerlegung der geläufigen These, dass die ersten Philosophen in Afrika oder Asien entstanden sind. In seiner direkt darauf folgenden Biografie von Thales wird die Fähigkeit des Nachdenkens zum Stolz der Griechen erklärt:

> Hermippos in seinen Lebensbeschreibungen überträgt einen von manchen dem Sokrates zugeschriebenen Ausspruch auf den Thales. Er legt ihm nämlich das Wort bei: Drei Dinge sind es, die mich dem Schicksal zu Dank verpflichten: erstens, daß ich als Mensch zur Welt kam und nicht als Tier; zweitens, daß ich ein Mann ward und nicht ein Weib; drittens, daß ich ein Hellene bin und nicht ein Barbar.[3]

Dem Essentialismus der Danksagung von Thales mangelt es an sophistischem Konstruktivismus, und die angeblich häufige Zuschreibung zu Sokrates deutet darauf, dass solche Pauschalisierungen nicht auf die vorurbanen Vorsokratiker eingeschränkt werden können. Direkt nachdem Diogenes Laertius den obigen Spruch Thales zugeschrieben hat, zeigt er, wie Frauen die Stelle zwischen Barbaren und griechischen Männern besetzen. Er erzählt eine Anekdote, worin »ein altes Weib« Thales auslacht, weil er bei der Sternenbetrachtung in eine Grube fällt. Wenn Platon die gleiche Anekdote im Mund von Sokrates erscheinen lässt, wird das »alte Weib« zu »einer artigen und witzigen thrakischen Magd«, also einer Barbarin, aber einer Westbarbarin, was einen Unterschied macht.[4]

---

3 Diogenes Laertius, *Leben und Meinungen berühmter Philosophen*, übers. v. Otto Apelt, Hamburg (1921 [2016]) S. 16, V. 28-34.

4 Platon, *Theaitetos*, in: *Platons Werke. Zweiten Teiles erster Band*, übers. v. Friedrich Schleiermacher, Dritte Auflage, Berlin 1856, V. 174.

Cassin beschreibt, inwiefern die Geografie mindestens so wichtig ist wie die Sprache, um die Unterlegenheit der Barbaren zu erklären. Sie fasst eine These von Aristoteles zusammen, die als Grundlage für den griechischen Anspruch auf deren Versklavung gedient hat. Hier fallen Identitäten auch in eine systematische Hierarchie. Aristoteles findet Gebrauch für das Konstrukt βάρβαρος darin, sie als diejenigen Menschen einzuordnen, die von Natur aus zur Sklaverei geeignet sind. Aristoteles verbindet die hohen Lufttemperaturen bei den Persern mit Gehorsamkeit, die niedrigen Temperaturen bei den Skythen mit einer chaotischen Unabhängigkeit, aber nur die mittleren Temperaturen mit der Fähigkeit zum Befehlen (eine goldene Mitte zwischen östlichem Gefühl für Hierarchie und westlicher Selbstherrschaft). Cassin nennt diese rechtfertigende Logik eine, die in der Moderne nicht mehr haltbar ist. Mit Recht. Spätestens nach der Shoah und dem Civil Rights Movement werden Völker und Ethnien nicht mehr als Einheiten betrachtet, über die wir bewusst und öffentlich Definitionen festlegen, um dann weitere Schlussfolgerungen vorzunehmen. Die Behauptung, dass die östlich wohnenden Barbaren zum Sklavenwesen geschaffen sind, dient als deduktive Prämisse (alle Perser sind als Sklaven geeignet), muss aber immer wieder durch induktive Prüfung wiederholt werden (indem viele Griechen immer wieder Sklaven persischer Herkunft begegnen).

Identitäre Grenzen müssen innerlich immer wieder neu gezogen werden. Und eine einmal gezogene Grenze fällt mit dem ersten Wind, mit dem ersten Zweifel (»Bin ich wirklich ein Grieche? Was bedeutet das?«) wieder weg. Wie alle Sprichwörter gewinnt das griechische Selbstbekenntnis an Macht durch Wiederholung. Man musste sich als Grieche für sich selbst bewähren, und das passiert durch die Wiederholung der Worte (oder des Gedankens), die lauten: »Ich bin zum Befehlen geboren. Ich bin kein Barbar.« Aber nicht zu viel Wiederholung. Denn die Gefahr des Barbarisch-Werdens lauert gerade in der Wiederholung der vertrautesten Wörter.

Die Wiederholung leistet mehr als Überzeugung. Wiederholung prägt Muster, Gewohnheiten, den Gedächtnismuskel aus, macht den

Meister. Um theoretisch zu denken, muss man jedoch, wie Husserl betont hat, die Selbstverständlichkeiten, die den Alltag ausmachen, in Frage stellen. Nur durch die Unterbrechung der Wiederholung unserer Denkgewohnheiten vermeidet das theoretische Denken die wirkliche Falle der Barbarei: die unbegründeten Überzeugungen, die das Denken zu ungeprüften Irrtümern führt. Für diese mit Recht gefürchtete Falle steht die ständige Wiederholung sinnloser Aussagen (bar!bar!) als Metapher.

Spencer Hawkins

15 »Ertragen, das Maß zu sein«

Mit dieser Schlussadresse wendet sich Cassin, Sokrates imitierend, der Protagoras mimt, an Theätet. Schleiermacher übersetzt die entsprechende Stelle bei Platon so:

> Und so gilt beides, daß einige weiser sind als andere, und daß doch keiner Falsches vorstellt, und auch du, magst du nun wollen oder nicht, mußt dir gefallen lassen, ein Maß zu sein.[1]

Um ein Maß zu sein, um etwas – insbesondere Größen wie Anfang und Ende – ermessen, ein- und abschätzen zu können – muss man auch eines haben? Bejaht man dies, dann muss man sich fragen, wo dieses Maß zu finden, wo es zu beziehen oder zu konsultieren ist. Der späte Hölderlin hat dies in dem von Waiblinger überlieferten Gedicht »In lieblicher Bläue« ausformuliert. Er fragt: »Gibt es auf Erden ein Maß«, und er gibt selbst eine ernüchternde Antwort: »Es gibt keines.« Allerdings folgt auf Hölderlins Absage an das Maß eine Art Erklärung: »nämlich ich hab ein Herz« und »Größeres zu wünschen, kann nicht des Menschen Natur sich vermessen.«[2] Im Gedicht

1 Ebd., 167d.

2 Friedrich Hölderlin, »In lieblicher Bläue…«, in: ders. *Sämtliche Werke 2,1,*

wird deutlich, dass das Maß Teil der (göttlichen) Schöpfung ist, diese vom Menschen aber nicht anders ermessen werden kann als durch die Feststellung, dass sie ihn übersteigt. Dafür besitzt der Mensch ein Herz. Es sind Leidenschaft und Leiden, die das Sein des Menschen auszeichnen. Er sieht und fühlt, er erlebt die Natur, sobald er aber nach Größerem strebt, sein eigenes Sein zu ermessen und zu ergründen versucht, vermisst er sich. Im eigenen Vermessen verfehlt sich der Mensch: Er erkennt einen Mangel oder ein Zuviel. So heißt es weiter im Gedicht: »Der König Oedipus hat ein Auge zuviel vielleicht. Diese Leiden dieses Mannes, sie scheinen unbeschreiblich, unaussprechlich, unausdrücklich.«[3] Das »zuviel« übersteigt mit einem dreifachen *Un* das Maß, es ist unübersetzbar und kann folglich nur von einem »vielleicht« begleitet werden.

Hölderlins Aussagen haben einen direkten Bezug zum – von Platon und Sextus Empiricus überlieferten – *Homo-Mensura*-Satz des Protagoras: »Der Mensch ist das Maß aller Dinge, der seienden, dass sie sind, der nichtseienden, dass sie nicht sind.«[4] Nietzsche hat sich – wie seine Notate aus dem Jahre 1872 zeigen – ebenfalls kritisch mit dem Satz befasst und erklärt, dass dieser eine Vorgabe einer allzumenschlichen Wissenschaft sei, die nicht nach Wahrheiten fragt und die sich stattdessen mit sich selbst begnügt.[5] Ihr stellt er die Notwendigkeit einer Orientierung an einem Maßstab entgegen, den man durch Spiegelungen der Welt durch die Kunst erhält.

Warum beruft sich Cassin als Anwältin der Sophisten immer wieder auf diesen rätselhaften Satz des Protagoras? Die Adresse *du musst es ertragen* – inspiriert durch Platons Überlieferung des Satzes in *Theätet* – schreibt die apophantische Aussage in einen Appell, eine Aufforderung um: sich in der unauflösbaren Spannung zwischen

---

Große Stuttgarter Ausgabe, hg. v. Friedrich Beissner, Stuttgart 1991, S. 372f.

3 Ebd. S. 373.

4 Platon, *Theaitetos*, 151e – 152a.

5 Vgl. Friedrich Nietzsche, *Nachgelassene Fragmente 1869–1874*, in: *Kritische Studienausgabe*, Band 7, hg. v. Giorgio Colli u. Mazzino Montinari, Berlin / New York 1967ff., S. 465, 467 u. 494.

Mensch und Maß, zwischen Mensch und Ding, zwischen Mensch und Mensch halten zu müssen. Zugleich scheint Cassin aber auch die Unhaltbarkeit dieser Aufforderung anzudeuten, eine Unhaltbarkeit, die ihre Dringlichkeit gar noch potenziert. Es sind die Übel der Welt – Menschen verhungern, Menschen ertrinken auf den Meeren, Menschen zerstören ihren eigenen Lebensraum, Menschen führen Krieg gegeneinander … –, die die Frage notwendig machen, ob es auf Erden ein Maß oder, anders formuliert, ein Gesetz, eine Mitte, einen Maßstab gibt, der hilft, richtig zu handeln und nicht falsch? Für Cassin knüpft sich diese eminent ethische Frage an die Notwendigkeit des Übersetzens. Übersetzen ist für sie – in der Unmöglichkeit, ein stabiles Äquivalent und also sprachliches Maß festzustellen – ein immer wieder neues Maß-Nehmen an den Worten, am singulär Unübersetzbaren, für das es doch in anderen Sprachen eine Fortschreibung geben muss.

Ingo Ebener

Textnachweise

Originaltitel der versammelten Essays von Barbara Cassin:

»Le statut théorique de l'intraduisible«, in: *Encyclopédie philosophique universelle*, hg. v. André Jacob, Band IV (Le discours philosophique), , P.U.F., Paris 1998, S. 998–1013.

»L'énergie des intraduisibles«, in: Barbara Cassin (Hg.), *Philosopher en langues. Les intraduisibles en traduction*, Éditions de Rue d'Ulm, Paris 2014, S. 9–20.

»entre«, in: Barbara Cassin, *L'éloge de la traduction. Compliquer l'universel*, Fayard, Paris 2016, S. 227–239.

Desorientierung

Anmerkung der Herausgeber der *Neuen Subjektile*

Die Übersetzung eines Unübersetzbaren, die nicht nur möglich ist, sondern die eigentliche Aufgabe der Übersetzer_in darstellt, setzt einen Moment der Desorientierung voraus, einen kurzen, disruptiven Augenblick, bevor die eigene wie die fremde Sprache durch die Übersetzung neu situiert, neu justiert und orientiert wird.

In seinem unvollendet gebliebenen Hauptwerk Die Prosa der Welt denkt Maurice Merleau-Ponty eine ›literarische Sprache‹, eine schöpferische und ambivalente Sprache, die der Gefahr einer algorithmischen Erstarrung der Sprache und dem Phantasma der Transparenz entgegenwirkt. Er beschreibt sie mit einem Satz, der den Kern jenes Übersetzungsprozesses zu treffen scheint, für den sich Barbara Cassin und ihre in diesem Band versammelten Transkreator_innen interessieren: »Aber wenn das Buch mich wirklich etwas lehren, wenn der Andere wirklich ein Anderer sein soll, dann muss es dahin kommen, dass ich in einem bestimmten Augenblick überrascht, desorientiert werde und wir uns nicht mehr in dem treffen, was wir an Ähnlichem, sondern in dem, was wir an Verschiedenem haben; und dies setzt eine Umformung meiner selbst voraus wie die des Anderen: es ist unumgänglich, dass unsere Verschiedenheiten nicht mehr so etwas wie dunkle Qualitäten sind, sondern Sinn annehmen.«

Im Gegensatz zu einer ›algorithmischen‹ wäre eine so verstandene ›literarische‹ Übersetzung zu einer echten Begegnung in der Lage, die dem Anderen, dem Unübersetzbaren, nicht einfach eine Bedeutung verleiht, sondern ihm ermöglicht, in der Verfremdung des Eigenen, die zugleich Aneignung des Fremden ist, in der Transkreation also, Sinn anzunehmen. Doch eine solche sinnstiftende Begegnung desorientiert zunächst. Mit einem Wort von Jacques Derrida könnte man sagen, dass sie ent-sinnt. Im besten Fall unterbricht sie den Prozess der polizeilichen Rollen- und Ortsverteilung, und lässt durch den Schwindel der permanenten Transkreation hindurch die Möglichkeit einer anderen, aleatorischen Orientierung durchscheinen. Doch sie kann auch in den Wahnsinn treiben.

Die Veröffentlichung der Unübersetzbaren hat zu einer Intensivierung und Vermehrung von Begegnungen geführt – zwischen den Sprachen, zwischen den Schreibenden, Übersetzenden, Verlegenden, Herausgebenden und hoffentlich auch zwischen den Lesenden. Sie haben den stoischen Fortgang, die Reihung der Neuen Subjektile unterbrochen. Und das ist ganz in ihrem Sinne.

NEUE SUBJEKTILE

Herausgegeben von
Marcus Coelen, Johannes Kleinbeck und Oliver Precht
im Verlag Turia + Kant
www.turia.at/neue_subjektile

Maurice Blanchot: *Das unendliche Gespräch*
Übertragungen aus dem Französischen, herausgegeben von Marcus Coelen, Christian Driesen und Jonathan Schmidt-Dominé
ISBN 978-3-98514-071-8, 660 S., EUR 42,–

Maurice Blanchot: *Feuers Anteil*
Aus dem Französischen von Marcus Coelen, Christian Driesen und Jonathan Schmidt-Dominé
ISBN 978-3-98514-055-8, 419 S., € 39,–

Jacques Derrida: *Geschlecht III. Geschlecht, Rasse, Nation, Menschheit*
Aus dem Französischen von Johannes Kleinbeck und Oliver Precht
ISBN 978-3-85132-980-3, 185 S., € 24,–

Judith Butler: *Sinn und Sinnlichkeit des Subjekts*
Aus dem amerikanischen Englisch von Johannes Kleinbeck, Oliver Precht, Kianush Ruf und Hannah Schurian
ISBN 978-3-98514-012-1, 270 S., € 29,–

Andreas Embirikos: *Hochofen. Gedichte*
Aus dem modernen Griechisch von Ioanna Kostopoulou
ISBN 978-3-98514-049-7, 93 S., € 14,–

Rudolf Leonhard: *Man träumt, was man ist. Entwürfe für das Traumbuch des Exils*
Hg. und mit einem Essay von Andrea Allerkamp
ISBN 978-3-98514-032-9, 120 S., € 18,–

Dante Alighieri: *1 Sonett – 30 Übersetzungen*
Herausgegeben von Judith Kasper, Andrea Renker und Fabien Vitali
ISBN 978-3-98514-005-3, 156 S., € 22,–

Lisa Robertson: *XEkloge*
Aus dem kanadischen Englisch von Ioanna Kostopoulou und Marcus Coelen
ISBN 978-3-98514-028-2, 99 S., € 14,–

Lisa Robertson: *Nullend*
Essays in Prosa über Lärm, Pornographie, den Kodex, Melancholie, Lukrez, Falten, Städte und andere damit verbundene Aporien
Aus dem kanadischen Englisch von Tara O'Sullivan und Marcus Coelen
ISBN 978-3-98514-018-3, 129 S., € 16,–

Pessoa denken
Eine Einführung. Mit Texten von und zu Fernando Pessoa
Hrsg. von Marcus Coelen, Oliver Precht, Hanna Sohns
ISBN 978-3-85132-909-4, 244 S., € 29,–

Marshall McLuhan / Eric McLuhan: *Die verlorenen Tetraden. Gesetze der Innovation*
Aus dem Englischen von D. M. Yücel
ISBN 978-3-85132-988-9, 279 S., € 32,–

Anne Carson: *Der bittersüße Eros*
Aus dem nordamerikanischen Englisch von Christina Dongowski
ISBN 978-3-85132-965-0, 187 S., € 24,–

Louis Althusser: *Was tun?*
Aus dem Französischen von Oliver Precht
ISBN 978-3-85132-957-5, 177 S., € 22,–

Slavoj Žižek: *Der Exzess der Leere*
Aus dem Englischen von Christiane Heidrich und Mathias Kropfitsch
ISBN 978-3-85132-963-6, 431 S., € 39,–

Alenka Zupančič: *Was ist Sex? Psychoanalyse und Ontologie*
Aus dem Englischen von Christoph Soekler und Michaela Wünsch
ISBN 978-3-85132-962-9, 290 S., € 29,–

Sylvain Lazarus: *Anthropologie des Namens*
Aus dem Französischen von Moritz Herrmann und Clément Dréano
ISBN 978-3-85132-939-1, 282 S., € 36,–

Emmanuel Levinas: *Husserls Theorie der Anschauung*
Aus dem Französischen von Philippe P. Haensler und Sebastien Fanzun
ISBN 978-3-85132-947-6, 240 S., € 29,–

Philippe Lacoue-Labarthe / Jean-Luc Nancy: *Vom Buchstaben*
Zu Lacans Aufhebung der Philosophie
Aus dem Französischen von Ulrike Bondzio-Müller und Esther von der Osten
ISBN 978-3-85132-902-5, 230 S., € 26,–

Joel Rufino dos Santos: *Zumbi*
Eine Gesellschaftsutopie im Brasilien des 17. Jahrhunderts
Aus dem brasilianischen Portugiesisch von Lilly Busch
ISBN 978-3-85132-921-6, 164 S., € 20,–

Suely Rolnik: *Zombie Anthropophagie*
Zur neoliberalen Subjektivität
Aus dem brasilianischen Portugiesisch von Oliver Precht
ISBN 978-3-85132-923-0, 110 S., € 12,–

Mario Santiago Papasquiaro: *Ratschläge von 1 Marx-Schüler an 1 Heidegger-Fanatiker*
Aus dem mexikanischen Spanisch von Nora Zapf
ISBN 978-3-85132-898-1, 52 S., € 12,–

Jacques Derrida: *Was tun – mit der Frage »Was tun«?*
Aus dem Französischen von Oliver Precht und Johannes Kleinbeck
ISBN 978-3-85132-894-3, 134 S., € 16,–

Iris Hanika / Edith Seifert: *Die Wette auf das Unbewusste*
oder Was Sie schon immer über Psychoanalyse wissen wollten
ISBN 978-3-85132-897-4, 203 S., € 24,–

Michael G. Levine: *Atomzertrümmerung*
Zu einem Gedicht von Paul Celan
ISBN 978-3-85132-895-0, 93 S., € 14,–

Didier Eribon: *Grundlagen eines kritischen Denkens*
Aus dem Französischen von Oliver Precht
ISBN 978-3-85132-896-7, 240 S., € 26,–

Jean-Luc Nancy: *Von einer Gemeinschaft, die sich nicht verwirklicht*
Aus dem Französischen von Esther von der Osten
ISBN 978-3-85132-878-3, 191 S., € 24,–

Oswald de Andrade: *Die Krise der messianischen Philosophie*
Aus dem brasilianischen Portugiesisch von Oliver Precht und Marcus Coelen
ISBN 978-3-85132-835-6, 159 S., € 20,–

Geneviève Morel: *Das Gesetz der Mutter*
Versuch über das sexuelle Sinthom
Aus dem Französischen von Anna-Lisa Dieter
ISBN 978-3-85132-820-2, 428 S., € 39,–

Eduardo Viveiros de Castro: *Die Unbeständigkeit der wilden Seele*
Aus dem brasilianischen Portugiesisch von Oliver Precht
ISBN 978-3-85132-836-3, 459 S., € 42,–

Jamieson Webster: *Leben und Tod der Psychoanalyse*
Vom unbewussten Wunsch und seiner Sublimierung
Aus dem Amerikanischen von Ulrike Bondzio-Müller
ISBN 978-3-85132-848-6, 208 S., € 26,–

Michèle Cohen-Halimi und Francis Cohen: *Der Fall Trawny*
Zu Heideggers Schwarzen Heften
Aus dem Französischen übersetzt und mit einem Nachwort versehen von Oliver Precht
ISBN 978-3-85132-850-9, 90 S., € 14,–

Jean-Luc Nancy: *Trunkenheit*
Aus dem Französischen von Esther von der Osten
ISBN 978-3-85132-847-9, 69 S., € 10,–

Christopher Fynsk: *Der Anspruch der Sprache*
Ein Plädoyer für die Humanities
Aus dem Amerikanischen von Katharina Martl und Johannes Kleinbeck
ISBN 978-3-85132-845-5,183 S., € 22,–

Oswald de Andrade: *Manifeste*
»Anthropophages Manifest« »Manifest der Pau-Brasil-Dichtung«
Portugiesisch–Deutsch
Aus dem brasilianischen Portugiesisch von Oliver Precht
ISBN 978-3-85132-819-6, 185 S., € 22,–

Fernando Pessoa: *Der Seemann*
Ein statisches Drama
Portugiesisch–Deutsch
Aus dem Portugiesischen von Oliver Precht und Nora Zapf,
mit einem Nachwort von Marcus Coelen
ISBN 978-3-85132-816-5, 112 S., € 16,–

Philippe Lacoue-Labarthe / Jean-Luc Nancy: *Das Literarisch-Absolute*
Texte und Theorie der Jenaer Frühromantik
Aus dem Französischen von Johannes Kleinbeck
ISBN 978-3-85132-810-3, 525 S., € 43,–

François Regnault: *Lacan'sche Ästhetik*
Vier Vorlesungen
Aus dem Französischen von Christoph Sökler
ISBN 978-3-85132-772-4, 155 S., € 20,–

Paul Virilio: *Die Küste, letzte Grenze*
Ein Gespräch mit Jean-Louis Violeau
Aus dem Französischen von Marcus Coelen
ISBN 978-3-85132-771-7, 51 S., € 8,–

Eric L. Santner: *Was vom König übrigblieb*
Die zwei Körper des Volkes und die Endspiele der Souveränität
Aus dem Amerikanischen von Luisa Banki
ISBN 978-3-85132-761-8, 349 S., € 38,–

Philippe Lacoue-Labarthe: *Der wahre Schein*
Aus dem Französischen von Marcus Coelen
ISBN 978-3-85132-757-1, 105 S., € 14,–

Hermann Cohen: *Das Prinzip der Infinitesimal-Methode und seine Geschichte*
Ein Kapitel zur Grundlegung der Erkenntniskritik
Editorische Bearbeitung durch Johannes Kleinbeck
ISBN 978-3-85132-730-4, 292 S., € 36,–

Jean-Claude Milner: *Die nicht zu unterscheidenden Namen*
Aus dem Französischen von Marcus Coelen
ISBN 978-3-85132-729-8, 162 S., € 18,–

Jean-Claude Milner: *Das helle Werk*
Lacan, die Wissenschaft, die Philosophie
Aus dem Französischen von Regina Karl und Anouk Luhn
ISBN 978-3-85132-728-1, 223 S., € 22,–